金融瞭望

"十二五"国家重点图书出版规划项目
当代财经管理名著译库
2013年度国家出版基金资助项目

U0656759

金融危机求生之道

金融危机、中产阶级和资本市场的发展

SURVIVING
LARGE LOSSES

Financial Crises, the Middle Class, and the Development of Capital Markets

Philip T. Hoffman   Gilles Postel-Vinay   Jean-Laurent Rosenthal

（美）菲利普·T.霍夫曼 吉勒斯·波斯特尔–维内 琼–劳伦特·罗森塔尔 著

东北财经大学出版社   大连
Dongbei University of Finance & Economics Press

ⓒ 东北财经大学出版社 2013

图书在版编目（CIP）数据

金融危机求生之道：金融危机、中产阶级和资本市场的发展／（美）霍夫曼
（Hoffman，P. T.）等著；钱泳译. —大连：东北财经大学出版社，2013.3
（金融瞭望译丛）
书名原文：Surviving Large Losses：Financial Crises，the Middle Class，and the
Development of Capital Markets
ISBN 978-7-5654-0996-7

Ⅰ. 金…　Ⅱ. ①霍…②钱…　Ⅲ. 金融危机-经济对策-研究-世界　Ⅳ. F831. 59

中国版本图书馆 CIP 数据核字（2012）第 226564 号

辽宁省版权局著作权合同登记号：图字 06-2012-21

Philip T. Hoffman，Gilles Postel-Vinay，Jean-Laurent Rosenthal：Surviving Large
Losses：Financial Crises，the Middle Class，and the Development of Capital Markets.
Copyright ⓒ 2007 by the President and Fellows of Harvard College.

东北财经大学出版社出版
（大连市黑石礁尖山街 217 号　邮政编码　116025）
教学支持：（0411）84710309
营 销 部：（0411）84710711
总 编 室：（0411）84710523
网　　址：http：//www. dufep. cn
读者信箱：dufep @ dufe. edu. cn
大连图腾彩色印刷有限公司印刷　　　东北财经大学出版社发行

幅面尺寸：170mm×240mm	字数：158 千字	印张：11 1/2　　插页：1
2013 年 3 月第 1 版		2013 年 3 月第 1 次印刷

责任编辑：李 季 刘 佳	责任校对：何 群
封面设计：冀贵收	版式设计：钟福建

ISBN 978-7-5654-0996-7
定价：30. 00 元

译者简介

钱泳

复旦大学世界经济系世界经济专业毕业，经济学硕士，全球金融风险管理师（FRM），国际财资管理师（CTP）。通过 CFA 一级考试。历任某银行总行国际部副主管，作为主要参与者推出国际保理业务并获得国际保理商联合会（FCI）国际保理业务专业证书，作为总行信贷资产清理分类办公室成员参加全行贷款五级分类试点；总行市场营销部、公司部集团客户主管，成为全行唯一一位赴国际专业机构中—英同声传译培训的员工；纽约分行贸易部副经理、办公室副主任，期间被聘为总行公司部高级专务，全程参加了该行 IPO 海外路演；北京市分行风险部副总经理、公司部副总经理，作为主要组织者推出集团联动账户等现金管理功能。现为某大型财务公司董事、副总经理，具有超过 23 年的经济金融研究和从业经验。

致 谢

我们万分感谢支持我们工作的机构，以及与我们分享数据、阅读文稿或提出建议、参考和批评意见的个人。我们要感谢加州技术学院（The California Institute of Technology）约翰·西蒙·古根海姆基金会（The John Simon Guggenheim Foundation）对霍夫曼的支持；感谢 The Ecole des Hautes Etudes en Sciences Sociales 和 The Institut National de la Recherche Agronomique 对波斯特尔–维内的支持；感谢 The Ecole des Hautes Etudes en Sciences Sociales、The Ecole D'Economie de Paris、the Institu National de la Recherche Agronomique、the John Simon Guggenheim Foudation 以及 the University of California, Los Angles 对罗森塔尔的支持。我要感谢的个人包括：Mike Alvarez、Peter Bossaerts、Jerome Bourdieu、Federico Echenique、Mordechai Feingold、Oscar Gelderblom、Peter Gourevitch、Rod Kiewiet、Morgan Kousser、Naomi Lamoreaux、John Ryan、Kenneth Sokoloff、Akiko Suwa-Eisenmann、R. Bin Wong 以及哈佛大学出版社的读者，特别是 Ann Hawthorne 和 Michael Aronson。

目　　录

引 言

你是否曾经担心过可能会发生金融灾难？是否曾经因为存款被骗或投资损失殆净而失眠？也许你没有，因为你很聪明、睿智并采取了各种措施来保护自己。或者，你只是确信，现代金融市场和政府保障总是会保护你的。

但是，保护措施并不总是起作用。你就问问 Sandra Stone 或安然公司20 000名左右的前雇员中任何一位吧，他们的公司于 2001 年后期破产的时候，他们的养老金和储蓄都被吞掉了。当 Stone 宣称"我很愤怒，绝对愤怒，我为这些人失去了我整个该死的退休生活"时，她可能是一直在为她的任何一位同事说话。①

---

① 引用来自 B. Murphy 2002；请参见 Ivanovich 2001；Bernstein 2002；Flood 2005。

没有公司希望有像 Sandra 以及安然那样的结局。但是，悲哀的事实是，这样的事绝不是绝无仅有。金融危机几个世纪以来不断地发生，危机过后留下了无数的受害者。这些受害者中有一些是如此地声名显赫，以至于我们必定应该更好地了解：Issac Newton 在英国早期的股市泡沫中遭受损失；Voltaire 曾经因投机获得很大的好处，但在政府债务违约中损失了一大块利润；而杰出的经济学家 Irving Fishcer 发现其财富在 1929 年的大崩盘中大幅缩水。[①] 如果这些天才都如此易受伤害，那么其他的每一个人的前景又会怎样呢？

事后分析常常会劝说我们自己，危机本来是很容易避免的。但是，事实是，金融危机几乎是不可避免的，像地震和飓风一样。确实，尽管危机激发改革，但危机仍使我们遭受打击，正如我们从很多危机中所发现的一样，有亚洲银行和股市的崩盘、因特网泡沫的破灭和随后发生的破产，以及 20 世纪 90 年代的公司丑闻。危机也没有表现出任何退却的迹象，尽管政府项目提供了新的方法，以便使投资者为其持有的资产找到避难所。[②] 对于可能的金融崩盘的担心，事实上不断在媒体上出现。它们会来自美国资不抵债的公司养老金或共同基金，来自英国或澳大利亚这样的繁荣国家过山车般的不动产价格，还是来自几乎全世界各个地方一些掠夺成性的政府？

使危机变得如此重要的东西——在危机涉及的痛苦的损失之外——它们常常被证明是金融市场和长期经济增长的转折点。[③] 很明显，一些危机的结果束缚了经济的增长。1929 年股市崩盘及随后发生的美国的银行恐慌潮，也许是最熟悉的例子。[④] 但是，其他的危机却有着非常不同的影响。确实，很多危机实际上通过重塑金融制度帮助培育了长期增长。1719—1720 年期间，巴黎的股市泡沫使很多投资者倾家荡产。但是，它也促成了一个新的金

[①] 参见 Nicolardot 1887, 1：80-104；Voltaire 1953-1977, letters 15248（21 March 1770）and D16950（9 January 1771）；Westfall 1980, 861-862；R. L. Allen 1993. 牛顿和伏尔泰死的时候都不是穷人——远远不是——但是，像 Sandra 一样，两人似乎都因亏损而非常难过。

[②] 参见 Bordo et al. 2001；Shiller 2001。

[③] 关于危机成为金融制度发展的转折点，参见，Hubbard 1991；White 2000；Davis and Gallman 2001；Neal and Quinn 2003。

[④] 金融危机看起来确实会使经济下滑并恶化。但是，如果人们考虑到这种可能性，仍会有统计数据表明，危机使衰退和萧条大大恶化，参见 Bordo et al. 2001。

融市场的诞生，为私人投资筹集了空前的资金。甚至1929年的崩盘也帮助促成了有益的改革，改进了美国和其他地方的金融制度。因而，危机似乎不仅具有造成危害的可能，而且有将陈年旧账一笔勾销的潜力，使参与者自由地设计新的制度，更好地防范未来的困境。因而，创新和金融崩盘是不可分开的——在金融领域可以与经济学家约瑟夫·熊彼特（Joseph Schumpeter）很久以前为技术勾勒的过程相媲美。

因为金融危机不可避免会再次发生，所以我们必须探究其成因和长期后果，特别是，危机是怎样引导金融体系演变的。问题的关键是，确定危机是怎样产生影响的——并且反过来危机是怎样被金融制度的发展影响的。有没有制度能击中危机的根源，并使危机将要发生的可能性变小？有没有制度在危机确实发生时可以防止危机破坏金融体系？有没有制度防范危机阻碍金融发展和经济增长，或者，更有可能发生的是，危机之后不是滞胀而是有益的改革？在什么条件下会产生这样的制度？

危机的根源和后果会在几年、几十年甚至几个时代发生作用，正如经济增长和金融制度的发展一样。因此，不可能只是通过审视当代的证据就可以研究危机和金融发展的关系。只有对较长时期进行研究才能反映危机、制度和金融发展之间的联系。只有历史才能给予我们必要的角度。

例如，想象一下，你渡过了大萧条开始时的金融危机。经济的困境刚刚呈现在新的政治领导人的眼前——他们中有美国的罗斯福和德国的希特勒。在这一时刻，1933年开始的几个月中，如果你只考虑在当时知道的东西，那么你有可能预见到罗斯福新政或希特勒专政的政治和经济影响吗？如果你只考虑金融发展和经济增长，那么你可能知道新政的立法将在20世纪剩下的时间里引导美国的金融市场，或"第三帝国"的法规将会影响德国经济一直到20世纪80年代吗？[①]

历史帮助我们理解危机、制度和金融发展之间的关系。但是，我们也需要政治经济学的工具，来理解历史告诉我们的所有东西。尽管进行了大量卓

---

① 关于对新政和"第三帝国"法规的长期影响的简要评估，参见 Ritschl 2003，414；Whaples 2003，171。

著的工作，但尚未有人将历史和政治经济学结合起来，以便解释，为什么金融危机几乎是不可避免的，或者为什么危机可以有如此惊人的不同的长期后果——为什么一些危机是破坏性的，而其他的危机最后结果却是创造性的？[①] 也没有任何人确定，什么样的制度有可能帮助金融体系战胜危机并继续发展？但是，这些问题不只是学术问题；它们需要我们关注，不仅仅因为今天很多人的储蓄、投资和退休金处于危险之中。未来的时代也处于危机之中。金融市场是一个不同寻常的引擎，可以促进投资和创新，并使经济扩张。它们为教育提供资金，或者帮助企业主在富裕或贫穷的国家创业。当效率不高的金融体系使个人无法借款、投资或使其资产多元化时，整体经济就会遭殃，以后的几代就会比其他情况下更为贫穷。[②] 不管国家富裕还是贫困，情况都是这样。

定义

在我们进一步深入讨论之前，我们应说清楚几件事，首先，我们所谓的金融危机是什么。可能有很多的定义——市场价值的突然下滑，这一定义正如纯粹的价格波动的定义一样。但是，就我们而言，我们选择的定义有所不同。对我们而言，当大量的金融合约突然被破坏时，就会发生危机。最简单的情况会涉及大量借款人对其借款违约，但是，一波公司倒闭使股东一贫如洗也算危机。[③] 政府决定对其债务食言，或通过通胀或货币贬值，用不值钱的货币向债券持有人支付，也算危机。人们也可以想起其他的例子。想象一下，对冲基金向大量的投资者出售保险，防范股市下跌的不利事件。如果股市暴跌，但对冲基金不能对保险进行偿付，这也会构成危机——这一危机，正如我们应了解的，与 1998 年的危险情况接近。

[①] 论述金融危机的好的著作有：Kindelberger 1978；Bordo et al. 2001；Eichengreen 2002，2003；Neal and Weidennier 2002。关于缺乏任何的经济理论可以挑选出什么样的金融制度最有可能从危机中幸存下来并促进经济增长，参见 Allenand Gale 2000，25-44，310-311；Allen and Gale 2001。
[②] 参见 Beck et al. 2000；Demirguc-Kunt and Levine 2001；Beck and Levine 2002；Levine 2002。
[③] 人们可能辩称，公司破产并未真正破坏金融合约，因为股票持有人在买入股票时并没有谁向他们担保任何股息。但是，破产确实使股票持有人彻底损失了在公司中的权益。至少在我们简化的描述中，他们之后什么都没有，从这方面讲，他们像面对违约的债权人一样。

满足我们定义要求的危机，常常是由价值的突然变动，或收入、营业额或成本的急剧变化——经济学家和其他的社会学家称之为"冲击"的东西所促发的。因为冲击常常引发危机，这两个概念看起来几乎是近义词，但是，它们事实上是不同的。做一个具体的说明，假设，在农业价格高而利率较低时，农场主借款买入土地和机器。如果价格随后下降，而利率飙升，这就会构成冲击，但是，只有当大量农场主对其债务违约时，正如20世纪80年代美国中西部的情况一样，才会有危机。幸运的是，制度有时可能使冲击无法引发危机或减弱危机造成的灾难。关键在于努力设立这样的制度，保证制度也能促进金融发展和经济增长。

当我们谈到制度时，我们脑海中也有一个特定的含义：对我们而言，制度是规则，伴随着某种执行规则的手段。规则可以是法律、规章，或法庭支持的合约；这种规则，由国家实施，我们称作正式制度。但是，规则也可能只是私人行为的常规的模式，不是由国家实施，而是通过对其他人所作所为的期望来实现。例如，投资者决定遵循受托金融咨询机构的意见，而不是倾听一些不认识的经纪人凭空打的电话。这种规则，我们称作非正式制度。我们要问一问，为什么一些危机会带来正式制度的变革，即修订法律和政府规章，以及为什么其他的危机会改变私人的行为模式。

前方有什么

那么，历史和政治经济学就危机的根源和后果揭示了什么？它们会对危机、制度和长期金融发展之间的关系透露出什么信息？

它们表明的东西是，三个因素对于金融制度的发展是很关键的：国债的水平、中产阶级的规模，以及当事人执行金融交易可以获得的信息的多少。为了说明这些因素具有的重大影响，我们转向欧洲、亚洲，以及北美和南美的资本市场上上演的金融故事——一些是近期的，一些是很久以前的。这些故事，运用政治经济学的工具，对我们探究的历史进行了启示，帮助说明了，在什么情况下，这三个因素会促进金融发展，防范危机造成太大的损失，以及什么时候危机会不幸地做出相反的事情。它们也表明，没有什么金融制度在任何时候在任何地方都是最佳的：某一天看起来是最佳的制度——银行或股票交易所——当这三个因素变化时可能很容易遭受挫折或者失败。与短期的统计证据使很多观察家相信的东西相对照，对于金融交易而言，几乎没有一个银行、市场和其他制度安排的最佳的特定组合。

因而，这些故事和历史成为我们的证据。在几乎每一种情况下，它们都可以得到量化证据和正式的经济模型的支持，但是，为了使事情对读者而言简化起见，我们做出选择，把我们限制在故事解析的范围内。它们是最有效的，当然是最有趣的，陈述我们观点的方法。

我们首先审视一下危机的两个主要原因：政府的掠夺行为和折磨所有金融交易的信息问题。这两个原因反过来又追溯到我们的三个因素上，因为信息问题反映的是金融交易的当事人通常会有的不同的信息，而在政府累积太多债务时常常会受到鼓动去掠夺资本市场。随后，我们来审视在危机后产生的对制度变革的需求，以及这些需求是怎样通过我们的第三个因素——中产阶级的规模而形成的，然后，看看不管是通过政府还是通过私人企业主，需求是怎样满足的。整体而言，我们要问一下，什么制度，通过鼓励金融发展以及限制危机造成的危害，限制市场 vilcal rumblell，会使金融市场更加有效？

我们将金融发展和危机联系在一起时，并不意味着，较为强大的金融市场恰恰是一种可怕的危险。这样的观点可能符合常见的看法——特别是左派，他们认为，金融市场完全是邪恶的，但是，这会意味着，使自己对金融市场带来的巨大好处也视而不见。问题是，经济如果不冒产生危机的风险就无法享受这种好处。在这个意义上，关于金融市场的真相，会使我们想起17世纪的哲学家和数学家 Blaise Pascal 关于人类所说的话：人类既不是天使，也不是野兽，因而，既不是完全美好，也不是完全邪恶。金融市场的好处是，它们促成交易，通过促进投资，提供防范风险的保护手段，并培育创新、拉动经济增长，使人们生活境况改善。负面的东西是，金融发展常常随后带来危机。因而，左派的陈词滥调是错误的，正如右派的观察家作出的同样不现实的断言一样，他们忽略了危机，高兴地断言，金融市场从来不会造成危害。

我们最终的目标是，理解金融发展，它长久以来在富裕和贫穷国家都具有深远的意义。金融发展对我们所有人都很重要，但是，要把握它，我们要研究危机的原因及其没有预见到的后果，而只有历史才能揭示这些。

第 1 章

金融危机的政治经济学

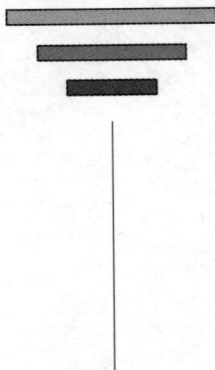

想象一下，你是一个投资者，一个谨慎的投资者。你为什么会谨慎呢？也许你最近在股市上砸下一大笔钱。也许会计丑闻或世间可怕的事件使你对未来发愁。或者，也许是前进的时代使你没有时间在你退休前挽回损失。无论如何，你正急切地为你的储蓄寻求安全的避风港。

如果你很幸运，生活在像 21 世纪初美国这样的国家，或者生活在某个其他的西方民主国家，你会有很多种方法来排解担心，从买入通胀指数化的国债，到将钱存入有政府保险的银行账户中。当然，恐怖分子仍可能会袭击，公司也会继续做假账。但是，至少有一种梦魇不会使你在晚上辗转反侧，即政府自己会践踏保护你的金钱的保证。美国联邦政府绝不会对其国债违约，不会去除指数化。如果银行倒闭，政府也不会对欠你的保险金食言。

政府就是不会这么干的。如果发生什么事的话，当美国政府干预金融市场时，政府也会努力保护投资者的：回忆一下，1998 年，为了避免不仅仅会伤害富人也会伤害很多中产阶级投资者的市场恐慌，联邦储备银行是怎样救助对冲基金长期资本管理公司的。①

在别的地方，你可能不会如此幸运。例如，假设，你不幸生活在 2001 年下半年的阿根廷，要把你的储蓄投资在那里，也许因为你是一个小规模的中产阶级的投资者，你可能无法轻易开立离岸银行账户或买到外国债券或货币基金的份额。② 由于你不能把钱汇往国外，你的选择很可怜。阿根廷的国债会太过危险。在市场上，这些国债事实上暴跌至其面值的 1/4，由于担心（结果证明是站得住脚的）政府会直接违约，或者用贬值的阿根廷货币来偿还这些债券。银行账户也会使你害怕。事实上，从 7 月开始，恐慌的阿根廷人涌向银行要将他们的钱取出来，因为他们吃惊地发现，政府会在实际效果上抢劫国家的银行。他们想把钱取出来，如果可能的话，将钱兑换成美元，这样也可以使他们免受可能的货币贬值的伤害。由于面临挤兑，政府最终冻结了储蓄账户，并对支票账户的支取实施上限。如果你把钱存在银行，这些钱就会套在那里。③

作为一个投资者，在阿根廷，很明显，你会比在美国糟糕，至少在 2001 年年末是这样。但阿根廷不是唯一一个不公平对待投资者的国家。有很多其他的国家会做相同的事，正如除了美国之外有很多国家会培育投资者一样。是什么促使一个政府去保护投资者呢？又是什么使政府掠夺成性？简言之，是什么使一些国家变成阿根廷，又是什么把另一些国家变成美国？

尽管所有的投资者，并非只有胆怯的投资者，对这一问题感兴趣，但对这一问题的答案仍被证明是捉摸不定的。确实，这一问题并不应仅仅使投资

① 参见 Lowenstein 2000。

② 在乌拉圭开立银行账户是阿根廷的小规模中产阶级投资者将钱汇往国外的最容易的方法。最初，大多数阿根廷人将现金带出境，以便在乌拉圭开立账户，但这一策略会产生交通的费用、失去工作的时间、现金被盗或被没收的潜在风险。虽然现金并不大，但这些成本会成为一种障碍，特别是对住在离边境很远的小投资者而言更是如此。虽然最终在布宜诺斯艾利斯开立账户成为可能，但并不是所有的银行都能这样做，而到乌拉圭的船上仍满载着携带装满现金的箱子的阿根廷人。参见 Personal communication，Federico Echenique。

③ 参见“Argentina's Collapse：A Decline without Parallel”2002；“Foreign Creditors Join the Pyre”2002。

者关心，而是应使所有在金融市场中有利害关系的人都关心。最起码，那也意味着是所有有储蓄的人；并且，因为健康的金融市场已经与快速的经济增长相关联，这实际上意味着每一个人，富人和穷人都一样。

尽管如此，似乎还没有人知道，为什么一些国家的结果会像阿根廷一样，而另一些国家像美国。研究这一问题的经济学家、历史学家和政治科学家试图将掠夺金融市场的政府的类型与某种政治特征——最重要的是缺乏民主制度，如缺少具有代表性的议会相联系。[①] 但是，就其本身而言，代表性的议会并不能保证政府不会使金融市场受到伤害：毕竟，2001 年的阿根廷本身就是一个民主国家。

这一论断所遗漏的是战争、衰退和其他的不幸，这些使政府急切需要资金，对政策造成破坏——换言之，就是真正的经济冲击。它们会使一个坚定的民主国家去掠夺金融市场。当面对冲击时，政治领导人行为的方式不仅会反映这一国家的政治体系，而且会反映其金融的健康程度——特别是，已经欠下的债务，以及在不激怒公民情况下可以收取的新的税收。

政府债务的金额在这时是关键性的。如果，一个国家像阿根廷一样，在巨大债务负担下艰难前行，那么就会受到诱惑去干涉资本市场来减少其财务负担，就像阿根廷做的一样。虽然这种激烈的策略会引发危机，并在几十年内阻碍市场发展，但这些策略在政治上而言可能比不受欢迎的增加税收或削减支出给人们带来的痛苦程度要低，当政府债务较重时，这些策略更加有吸引力。如果政府债务庞大，那么任何国家都会把牺牲金融市场视为有吸引力。

如果有一些简单的规则能告诉我们这一危险区域从哪里开始，那倒是很好的事情。例如，这一规则可能使该区域设置在债务相对于国家经济的规模或政府征收的税收的金额的某一个域值。政府预算令人不爽的数字可能在概念上赋予我们这一域值所处位置的某种感觉，因为，长期而言，政府的支出须等于政府的收入。[②] 但是，问题是，政府支出和政府收入是由政治过程决

---

① 参见 North and Weingast 1989；Olson 2000；Ferguson 2001；Stasavage 2003。
② 参见 Sargent and Wallace 1981。

定的，这一过程是由一系列的政治和经济因素所形成的，从政治体系的性质，到收入的分配和经济增长的水平。因此，这一域值各个国家各不相同。它会反映一个国家的历史的微妙之处，其政治领导人所面对的激励因素，以及贷款人为了得到偿付而施加的压力。将统计数字和经济模型与当代数据相关联，可以确定这一域值在一组类似国家中可能所处的位置，但是，这种做法产生的规则从来不会适用于其他的地方或其他的时期。因此，今天在发展中国家引发警报的政府债务的水平——例如，在 2001 年年末的阿根廷债务超过政府年度收入的两倍——在富裕的民主国家根本不会引发担心，特别是当这一民主国家碰巧处于战争中并拥有慷慨的同盟，抑或当向政府预支现金的贷款人碰巧在政治上很强大时更是如此。例如，在第二次世界大战结束时，英国可以维持超过政府收入 6 倍的公共债务。[①]

因而，我们没有办法精确说出每一个国家的危险区域的起始点。尽管如此，任何给定国家的政治领导人对这一起始点肯定会心中有数，正如贷款人心中有数一样；而密切关注单个国家的特质的政治学家可能得出与这些领导人和贷款人一样的推断。此外，至少有一个规则是普遍成立的：庞大的债务（特别是相对于政治上可行的税收收入进行度量显得庞大时）会增加一个国家接近或甚至进入其自身特有的危险区域的几率。即使该国还没有处于其危险区域，一个冲击却可以轻而易举地将其推向危险区域，致使金融市场遭殃。另一方面，如果其债务远没有达到极端情况，那么它处于危险区域并对金融市场进行掠夺的可能性也会变小。

没有一个国家可以逃脱这一铁定的逻辑，它源于政府财政的约束，以及增加税收和削减支出的不断变化的政治成本。事实上，这一逻辑今天和昨天一次又一次地上演。例如，在上个世纪，一些国家没有频繁地借款，尽管对今天的我们而言似乎是无法令人相信的，中国以前就是这样的。另一些国家

[①] 参见 Great Britain, Statistical Office 1951, 265; B. R. Mitchell 1981, 762; Roubini 2001。英国和阿根廷债务的数字只涉及中央政府，而不涉及地方或省级政府。没有简单公式可以告知危险区域起点的一个理由是，政府可以以多种不同方式使金融市场成为牺牲品。对政府可能采取的任何一种掠夺行为建立模型是一件复杂的事情，须考虑各种不同的因素和历史或有事项。有关演示，请参见以下关于政府违约的研究：Eaton and Gersovitz 1981; Grossman and Van Huyck 1988; Bulow and Rogoff 1989; Atkeson 1991; Manasse, Roubini, and Schimmelpfennig 2003; Kraay and Nehru 2004。

——突出的是 18 世纪的英国——大量借款，却相对政治上可以接受的税收而言不断堆积起巨额的债务。如果这一逻辑是正确的，这两种国家就没有任何的激励因素去改革其金融体系，而历史档案支持这种主张。金融危机仍可能爆发，但至少不是政府造成危机。但是，对公共债务水平增加到极端水平的国家，情况却大相径庭。一般而言，冲击促使政府引发危机，会使金融市场多年陷入困境——这个世界上的"阿根廷"们所等到的可怕命运。

在欧洲，大约在 1500 年至 1800 年期间，很多国家受到公共债务的夹击，当时，来自战争的重复的冲击使很多国家超越域值。虽然它们的经历初看起来似乎离我们很遥远，但实际上，对于今天由于过度借款而冒着引发危机的巨大风险的政府仍具有相当大的意义——特别是发展中国家以及共产主义的新兴国家的政府。对于早期的现代欧洲国家以及今天的这些国家，适用于同样的逻辑：公共债务水平的逻辑，以及由政治、财政体系和经济实力决定的危险区域的逻辑。早期现代国家的经历使我们明白，这一逻辑是怎样发挥作用的。在发展中国家，它仍在起作用，而在欧洲，长期的后果仍清晰可见。

1.1 公共债务和政府的作用

公共债务在政府对金融市场进行掠夺这出戏中扮演了重要的角色。如果一个国家没有债务，或债务很少，那么它通常借款是因为进行战争，坠入衰退，或面对其他冲击，需要大幅增加政府支出。贷款人不需担心，当前债务的偿还会使政府无法偿还任何新的贷款。如果税收较低（或至少没有达到很高的程度，以至于增加税收会使公众抱怨），当然会有帮助，因为这时候，国家可以征收额外的税收，以便为新的贷款提供资金。无论如何，国家不可能引发某种毁灭性的危机，使金融体系成为牺牲品。危机当然仍会发生，但是，危机不会是政府掠夺的结果。

如果公共债务上升到极高的水平时，政府引发的危机发生的可能性就会比较大，因为这时候，政府应付战争、衰退或某些其他的冲击的难度就更大。如果国家仍能提高税收，国家就能进行新的贷款、支付军队费用，或为失业者提供福利，但最终，增加税收会受到政治上的抵制。在这个节点上，国家如果仍没有进入危险区域也会很接近。从政治上而言，违约会比削减支出或进一步增加税收容易。毕竟，如果正在打仗，就不能把军队的费用拿来给债券持有人。而在衰退时削减失业福利可能成为政治自杀，至少在现代民主国家是这样。①

正是由于这一点，冲击才会使掠夺有吸引力。它可能会表现为对政府的现有债务违约。违约可以释放现金用以基本的支出（例如，支付军费或失业救济金），但并不承受政治代价，特别当债券持有人是外国人或没有力量的团体的时候更是如此。甚至可能不向旧的债券持有人付款，然后用省下的钱从新的一群贷款人那里筹集贷款。庞大的西班牙帝国早在 16 世纪就尝试过这种策略；20 世纪 80 年代，发展中国家也是这么干的。而政府也无需就此收手。例如，国家可以决定印钞票；此类措施可能引发通胀，（如果通胀不期而至）并会使财富从债权人向债务人进行重新分配，因为债务人可以用出乎意料的便宜的纸币来偿还贷款。国家也会迫使银行或储蓄人向政府发放新的贷款。阿根廷在 2001 年就诉诸此种策略；16 世纪和 17 世纪很多的欧洲统治者也是这样做的。而到 19 世纪，违约已成为了一种全球性的现象。

一旦一个国家决定对金融系统进行掠夺，资本市场就可能遭受持久的伤害。政府在重新借款时会很困难，因为，即使政府承诺支付高利率，贷款人也会担心他们得不到偿还。而当新贷款不可能获得（或成本离奇地高）的时候，每一次再出现冲击，都会促使政府进一步进行掠夺。投资者就可能完全回避金融交易：例如，如果政府可能会没收存款，那么为何还要在银行存款呢？在可能的最糟糕的情况下，整个金融体系就会萎缩，而不仅仅是国债市场。这就是政府引发的危机可能会在很多年里束缚金融体系的机理。（正如我们应了解的一样）法国在 1789 年大革命后吸取了这一痛苦的教训，这

---

① 政治领导人所面对的选择的模型，不仅必须平衡国家的收支，而且应考虑税收增加和支出削减的政治代价。例如，如果一个国家偿还贷款，它在将来会面对更高的代价，包括财政和政治的代价。因此，违约可能有吸引力，但违约并不一定是灵丹妙药。违约会使贷款人作出反应，而他们的反应可能包括，抑制其贷款或服务、在未来收取更高的利率或费用、强制实施诸如没收该国或其公民在其他国家的资产等惩罚措施。更复杂的情况是，违约的这些代价中有一些可能会推迟到未来政府或未来的年代，因而对掌权中的该政府不会造成任何问题。

也是采取像阿根廷那样行为的国家将会有的命运。

这里关于冲击以及深陷债务的政府被迫作出悲惨抉择的共同主题已经在一个又一个国家出现，现在和过去都出现过，即使在很少借款或不借款的国家也出现过。例如，从16世纪一直到19世纪早期，中国实际并没有借款，与欧洲国家形成对照，欧洲国家在同一时期疯狂借款，以便为战争筹款。欧洲国家将其预算的高达60%～80%贡献给了长期的武装冲突（如果考虑给盟友的战争债务和补贴，比例甚至更高）；中国在战争上的花费，按比例而言，也许只有比较小的预算比例的一半，战争在中国的案例中是阶段性的、短期的，而在我们称作公共福利的方面花费则更多。例如，中国将资源用于饥荒救济，远多于欧洲国家。中国维持公共粮仓，并努力预测什么时候会出现饥荒，并将粮食运到缺粮的地区；欧洲政府从未尝试以如此大的规模来做些什么。①

中国不仅将食物在各省之间进行转运，而且设计了税收的官僚体制，将税收进行转移支付，其规模在欧洲闻所未闻。例如，庄稼歉收，政府不会借款；相反，它将食物从繁荣的省份运送到受影响的省份。如果需要钱，可能通过税收体系进行传导，必要时，可以临时收税。②中国很大，以至于地区之间的转移支付取代了借款。中国因而可以将资源在各省之间进行重新分配——换言之，在空间上进行，而不是通过借款推迟到未来。因而中国借款的原因较少。

大多数欧洲国家太小，无法利用这种地理上的再分配。例如，如果战争爆发，它们就很难找到一个未受影响的省份。此外，即使较大的欧洲国家也缺少税收官僚体制，可以迅速地收税，并将资源从一个省份转运到另一个省份。再者，即使有官僚机制存在，征税和资源转移一般而言也会引发可怕的政治阻力。因此，17世纪名义上绝对的统治者要从Castile（是其王国的核

---

① 参见 Will and Wong 1991，508；Hoffman and Rosenthal 1997，36；Wong 1997，88－99；Huang 1974，62，275，294。Huang 的数据表明，中国在16世纪将54%的预算用于军用；与Hoffman and Rosenthal 中欧洲的数据进行比较，中国的预算也比较小。Huang 关于16世纪总税收收入的数据为每人9克白银。同时代法国的数据（参见 Hoffman 1994，238）从每人9克白银到22克白银，而17世纪数字甚至更高。
② 参见 Wong 1997，131－133。

心地带，在该地区，他们有最大的权威）以外的地区得到军队并增加税收会遇到很大的困难，特别当士兵和人员要送到海外或西班牙帝国的其他地区时更是如此。① 因此，西班牙的国王们借了款。

借款使欧洲国家能够在时间上对其支出进行重新安排。与之相对照，中国是在地理上进行再分配。在 19 世纪以前，没有重大的公共债务时，中国没有理由干预金融市场，更没有理由对市场强取豪夺。确实，中国偶尔也会对货币进行干预，但这种行为与欧洲的君主们相比微不足道，君主们依赖货币操纵来获取紧急收入的可能性要大得多。与很多欧洲国家相比，中国从未在公共债务（中国基本上没有公共债务）上违约，它也没有掠夺银行和金融市场。② 确实，它基本上没有机会这么做，因为大的银行和金融市场在 19 世纪晚期之前几乎就不存在。③ 在欧洲，这种资本主义的机构常常是由政府借款引发而成立的，至少在没有掠夺市场的国家是这样。

如果一个国家借款而避免公共债务上升到极端水平，那么它甚至可以干得比中国出色。通过借款，它可以培育资本市场，只要其债务保持在低于其危险区域的水平，它就没有理由对它所鼓励的市场进行掠夺。最后的结果就是繁荣的金融体系，具有对付冲击的借款的能力。它可能还会遇到金融危机，但危机不会是由政府掠夺而引发的。

18 世纪的英国就是一个这样的国家。英国借款来打仗，后又通过征税来支付借款的利息。议会在必要时可能强制征收新税，而英国税收当局收税的效率很高。如果战争爆发，英国就发行短期债务，来满足紧急军费的要求，然后再将这些短期债券转变成较长期的证券（诸如 1751 年创设的 3% 的统一公债），可以很容易地在伦敦股票交易所出售。投资者赞赏国债的流动性，及其较小的风险，因为，尽管进行了借款，但从 18 世纪 20 年代以

① 在海外筹集资金和召集军队的努力最终引起 Catalonia 和葡萄牙的反叛；参见 Elliot 1963，324–329，333–345。

② 参见 Von Glahn 1996，248–251，了解 17 世纪早期中国的军事危机时期因为铸币税收入而实施的硬币贬值情况，以及早些时期没有足够支持发行纸币的情况。关于众多欧洲的例子，参见 Sargent and Velde 2002。对于这些中国的例子，人们可以参考对盐商债务的违约案例，政府向盐商透支，但是这些与欧洲发生的情况进行比较就显得很苍白；参见 Huang 1974，200–204。

③ 虽然大型银行不存在，但是，有典当行、农村的货币贷款人，以及准予赊欠的商人；参见 Yang 1952；Fairbank and Twitchett 1978，8：149，156；Wong 1997，20，133。一些商人（引人注意的是那些处理盐务的商人）向政府贷款；参见 Huang 1974，200–204。

来，英国的借款一直是整体安全的投资——这也是英国保持在远低于危险门槛水平的证据。其安全性的一个表现是，英国政府须支付的利率很低，甚至比法兰西国王对其风险最小的政府借款承诺的利率还要低2%。这一差别很大程度上是由于法国国王经常性的违约造成的。由于这些可靠且交易方便的英国证券的存在，促进了伦敦资本市场的发展，使其成为19世纪早期欧洲的金融中心。[①] 危机的确偶尔会发生，但危机并非发端于政府违约或其他国家掠夺的行为。[②]

尽管英国安全地保持在其危险区域以外，但早期的现代欧洲的其他国家并非如此谨慎，特别是当其债务已经处于极高水平时更是如此。它们依赖越来越多的债务，最终使它们自身陷入危险境地，甚至陷得更深。西班牙是一个很好的例子。16世纪和17世纪，西班牙国王们接连打仗。他们通过打仗（并非总是打胜）来镇压反判分子，削弱其死敌。法国的国王们，为维系一个辽阔的帝国，向西延伸到墨西哥，向东延伸到菲律宾。到16世纪晚期，这些君主期望得到丰厚的长期收入，包括从墨西哥和秘鲁运来的堆积如山的银子，但是，战争要求紧急筹资。他们不得不借款，随着不断借款，耗尽了从国内和国际的银行家那里得到的短期债务——是德国人，然后热那亚人，最后是葡萄牙人。他们也出售了可转让的长期债券（juros）。所有这些债务须用来自美洲的珍宝偿还，但不幸的是，那里的矿藏的产出证明是令人失望的，而西班牙银子运输船有时会沉没，或成为海盗和敌方舰队的牺牲品。面对这种冲击，西班牙国王中止对短期债务付款，并与银行家们进行谈判。结果一般涉及向银行发行债券用来交换其短期债务——债务重组的一种形式。[③]

中断付款在1557年和1662年期间发生了10次——它们可能被视为危机，但是，可以证明的是，银行知道它们达成的交易，至少最初是这样。它们知道，短期债务是有风险的。它们可能赚取高的收益，或者可能中止付

---

① 参见 Brewer 1989；North and Weingast 1989；Neal 1990；Velde and Weir 1992；Sargent and Velde 1995；Baskin and Miranti 1997；Stasavage 2003。正如 Stasavage（136-37）表明的，超过2%的利率差异似乎并不是因为不同的通胀率或贷款需求而导致的。
② 在伦敦市场刚开始发展的时候，很可能，最大的金融危机是1720年的南海泡沫。虽然，在它崩盘后，议会进行了调查，但是，泡沫并不是从政府掠夺开始的。18世纪的其他危机也不是，参见 Neal 1990，62-117，166-179；Baskin and Miranti 1997；Garber 2000。
③ 参见 Braudel 1975，1：501-517；Thompson 1994，158-164。

款。但是，在后一种情况下，它们至少会得到长期债券，这些债券相对可靠，容易出售。它们因而对有风险的短期债务收取适当较高的利率——正如今天的垃圾债券一样——使它们得到安慰的是，有这种风险溢价，并且一旦它们拥有的短期债务被中止付款，它们会得到长期债券的担保。中止付款因而成为做买卖的预期风险之一。①

17 世纪早期，银行的期望开始证明是根本错误的，当时，长期债券本身也变得有风险。来自税收和银矿不断下降的收入促使西班牙政府采取不计后果的财政措施，以便应对冲击，如货币操纵和增加税收，这些行为引发了暴动。② 虽然政府现在愿意忍受沉重的政治代价，但是长期债券也受到了打击。政府扣留了这些债券的到期付款，并且降低利率，从而不仅对银行违约，而且对已经购买可转让长期债券（juros）作为安全投资的西班牙精英们违约。③ 中止付款现在可能造成了比银行曾经预期的任何情况更糟糕的损失，它们在中止付款后获得的任何长期债券更难向公众兜售。虽然人们对较早的中止付款是否是危机可以进行辩论，但是，毫无疑问，17 世纪的事件有资格成为危机，并且政府对这些危机承担责任。现在，很清楚，西班牙进入了危险境地。

当西班牙的危机从公共债务市场向私营信贷市场扩散时，它们危害的对象远远超出了国债持有人的范围。一个受害者是 16 世纪西班牙的金融神经中枢——Medina del Campo 市的集市。来自全欧洲的商人和银行每年在这些集市聚会两次，以便提供范围广泛的融资，用于早期现代经济中关键性的原材料羊毛等商品的国内和国际贸易。银行也为政府处理货币，并发放信贷。但是，这些危机赶走了受到惊吓的银行家和商人，使西班牙的集市变得不重要。④

法国提供了一个案例，甚至更清晰地说明，政府促发金融危机，不仅危

---

① 在整个 17 世纪早期，正如 Cooklin 1998 表明的，西班牙债务重组符合 Grossman and Van Huyck 中所建模的行为种类；参见 Bulow and Rogoff 1989；Atkeson 1991。西班牙有时对其债务进行重新谈判，正如贷款人所期待的一样。
② 参见 Elliott 1963，281-353。
③ 参见 Thompson 1994，158-164。
④ 参见 Ehrenberg 1922，2：192-221；Lapeyre 1955；Elliott 1963，283。

害公共债务市场，而且危害整个金融体系。法国的危机结果使一个重要的金融市场——巴黎长期信用市场瘫痪，长达将近两个时代。危机开始于1788年，当时，公共债务由于连年的战争而累积，使政府到了破产的边缘，迫使路易十六召集三级会议（the Estates General），这是一个精英的聚会，有将近两个世纪未聚会了。这次三级会议标志着法国革命的开始，因为，数月之内，会议代表们就使其国家的政体和社会发生转型。一开始，国王只是想通过三级会议对加税进行投票，但是，很多代表希望进行宪法改革，如创设一个定期召集的全国代表大会。如果他们给予国王加税的权利，他们就会丧失政治砝码，并且不能进行他们希望的改革，意识到这一点，他们只是颁布了临时性财政措施，而事实上废除了很多现有的税收，以防止国王自行收税。另外，他们设计并通过了一个复杂的税收改革计划，要求对所有土地进行测量，这需要数年完成。由于这一行动，他们保证国王会在长时间内依赖代表大会，而不能将代表大会解散了事。①

革命政府的确成功地避免了破产，但在1792年，其财政状况恶化，当时，新选出的代表大会对奥地利宣战，开始了一场冲突，这场冲突震动了几乎整个欧洲，一直到1815年。虽然路易十六在几个月后被废黜，敌对方要求立即付钱，但是革命者们仍未将新的税收体系付诸实施，并且，即使他们已经实施，收税也会成问题，因为在地方已出现反革命暴动。他们的革命理想使他们不能削减支出——这样做就意味着向反革命的力量投降，而借款似乎已不可能。

在这种恶劣的形势下，一点也不令人吃惊的是，他们选择印发钞票。革命者控制了纸币（革命纸币（assignats））印制机，他们不要对地方实行绥靖，也不要设立收税的官僚机制，而可以粗制滥造更多的政府纸币。印发钞票，引发了通胀，在1791年和1796年期间，法国货币的价值下跌了99%，但是，如果他们想打仗并维持政治权利，这是他们唯一的选择。②

法国的私营借款人利用了这种形势，以贬值的纸币来偿付其债务。由于

---

① 参见 Hoffman, Postel-Vinay, and Rosenthal 2000, 194-195。
② 参见 Sutherland 1986; Hoffman, Postel-Vinay, and Rosenthal 2000, 195-196。

法律的原因，法国几乎所有债务都是名义的——换言之，借款合同并没有指数化以抑制通货膨胀——而大多数贷款人（特别是那些进行长期贷款的人）没办法防范以政府纸币进行还款的风险。随着通胀的演进，私营债务人无法抵制诱惑，以最初成本的一部分来偿还其借款。政府财务危机因而扩散到私营市场，而私营债务的投资者遭受的损失远远超出他们可以想象的范围。①

损害在巴黎特别严重，随着借款人用一文不值的政府纸币来消除其债务，巴黎在 18 世纪 90 年代的借款余额大幅下降（参见图 1.1）。在巴黎，危机不仅引发了灾难性的损失，而且破坏了革命前维系繁荣的长期信贷市场的根本机制。这种机制是一种非正式的机制，在这种机制下，一群金融中介通过相互交换潜在借款人和贷款人的信息，然后找出最匹配的一对，以便安排长期贷款。中介是城市的公证人，它们起草贷款合同和其他法律文件，并经营人们的财富。危机没有消灭中介，但是，仍会进一步引发通胀，使潜在的贷款人不愿向任何人发放长期贷款。这种担心，加上 19 世纪持续的政府不稳定状态，使得借款人和贷款人相匹配几乎是不可能的。结果是，长期信贷市场一直瘫痪，直到 19 世纪 50 年代。②

金融危机并不总是像在巴黎的这场危机那样具有毁灭性，在巴黎，危机的上演就像某些灾难片一样。人们甚至会愿意忽略这场危机，认为它是非典型的，因为它发生在政治革命过程中。但是，事实上，几乎所有危机都有持久的后果，甚至在没有革命发生的时候也是这样，因为，危机几乎都导致了持久的制度性变革。正像在巴黎的情况一样，危机可能破坏旧的制度，催生新的制度，新的制度可能是因为政治的原因而创设的，或者由于借款人和贷款人的反应而自发形成的。在另外的情况下，危机本身可能促发政治改革，如果是政府引发所有问题的话，这种情况特别有可能。但是，一旦危机过后，进一步的制度的变革代价将会很高，政治上的难度也很大，而且在危机后实施的制度会在很多年里影响经济，并可能还会产生其他的问题。

① 参见 Postel-Vinay 1998；Hoffman，Postel-Vinay，and Rosenthal 2000，177-228。
② 参见 Hoffman，Postel-Vinay，and Rosenthal 2000。恢复巴黎长期信用的其他障碍包括法律变革，以及公证公司面对的转向高风险银行业的诱惑。

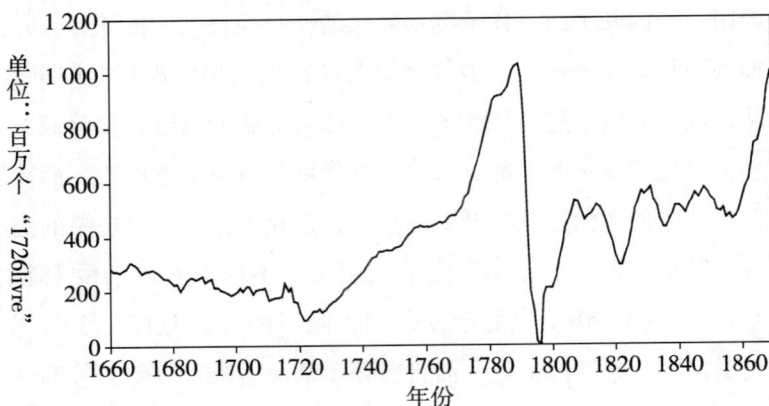

图 1.1　1660—1870 年巴黎私营公正性债务余额表

资料来源：Hoffman, Postel-Vinay, and Rosenthal 2000；the graph，ⓒ The University of Chicago，is reproduced with the permission of the publisher, the University of Chicago。

　　例如，2001 年阿根廷金融危机的原因之一就是十年前为应对政府引发的恶性通胀而设立的政府货币理事会。设立货币理事会有助于通过使阿根廷比索钉住美元来阻止泛滥的恶性通胀，但是，它妨碍了阿根廷，在 20 世纪 90 年代，几次冲击打垮了国家。第一次是美元升值，使比索升值，阿根廷商品因定价过高而失去了国外市场。随后，邻国巴西货币贬值，使巴西商品便宜，进一步减少了对阿根廷出口的需求。出口市场的损失使阿根廷已经发生的衰退更为糟糕，并最终促使阿根廷对其公共债务违约。[①] 很明显，一种反应本来应该是使阿根廷比索贬值，但是，在前一次危机后的制度变革——货币局制度——排除了这种做法的可能性。前一次变革限制了政府可以做的事情，而且从某种意义上，促进了阿根廷 2001 年下一次危机的发生。2001 年危机的长期后果仍未可知。阿根廷的经济到 2005 年年底确实得以恢复，足以偿还国际货币基金组织的债务。但是，还款使政府对支出的约束变少，而对它借入的新借款须支付更高的利率。同时，阿根廷尚未解决其顽固的财政问题；因而，其对新危机的大门仍是敞开的，如果商品价格下降，这种情

---

　　① 参见 "Argentina's Collapse：A Decline without Parallel" 2002；Mussa 2002。

况发生的可能性就会特别大。①

当政府累积的债务如此庞大，以至于投资者会认为政府会对金融市场进行掠夺时，会发生什么呢？如果预期会进行掠夺（并且不可能保证避免发生），投资者就不会向政府贷款，不管政府承诺什么样的利率。如果政府违约，本金和利息都不付，较高的利率又有什么用呢？一旦政府走向这样的极端，承诺高利率简直是不可信的，因为，这时，投资者知道，违约将会是一种处理冲击的有诱惑力的方法——至少比加税或削减支出更有诱惑力。如果投资者担心持续不断的政府掠夺将会威胁私营合约，那么，程度最轻的后果是，公共债务市场将会萎缩，私营资本市场也随之萎缩。例如，假设贷款人预期政府会引发通胀。如果高利贷法律和其他法律限制使他们无法将贷款指数化或收取较高的利率，那么他们会停止向私营借款人贷款，而私营信贷市场将会遭殃。这就是 19 世纪早期法国的情况。类似地，在 2002 年的阿根廷，冻结银行账户（并伴随着对外币交易的限制）暂时把维系商业交易的短期信贷消灭殆尽。商业供应枯竭，特别是当诸如药品等商品要进口时更是这样，甚至连医院也缺少药品。②

当政府破坏了公共债务市场的时候，它也会轻易地伤害到私营资本市场。政府掠夺并不总是会引起这样的伤害，但是政府掠夺的效果会持续下去，在公共市场和私营市场都会这样。理由是，政府的剥削会促发金融危机，而危机将会在多数情况下伴随着改革。改革将会改变金融市场的制度，而新的制度很难修改，直至发生下一次危机。更糟糕的是，变革后的制度甚至可能有助于引发新的危机，因为新制度的设计是为了防止过去的危机，而不是防止将要到来的危机。

由于危机会造成这么多的危害，很明显，国家应避免公共债务规模过大，巨大的债务可能会出现金融崩盘。人们也许会想，国家是否应完全避免负债，因为那样的话，国家就有很大的余地借款以应对任何冲击的发生。但是，如果，一个国家完全回避借款，其资本市场就永远不会发展，私营经济

---

① 参见 "Kirchner and Lula" 2005；"Argentina：Another Country" 2005。
② 参见 "Argentina's Collapse：A Decline without Parallel" 2002。

就会遭殃。

很清楚，危机在于极端。正如我们应了解的一样，金融市场常常就是这样。在这个例子中，一种极端是完全回避借款，这样就使金融市场无法发展；另一种极端是累积起巨大规模的国债，这样就增加了政治领导人掠夺投资者的几率。要避免这两种极端，有很多方法，但是，政治领导人可能没有动力这样做，特别是当他们面临冲击而需要紧急解决方案时更是如此。领导人不希望战败，或在衰退时被选下台，而当面对此类冲击时，领导人可能决定更多地借款，或甚至对资本市场进行攻击，而不管对其他人造成的长期后果。

1.2 政治体制和变动一个国家的危险区域

到目前为止，我们的论述是围绕公共债务展开的——特别是，债务规模相对每一个国家特有的危机区域有多近。如果公共债务进入危险区域——换言之，如果公共债务偏向某一个极端，那么，国家就将对金融市场进行掠夺。它可能会对债务违约、玩弄货币，或以其他方式干预金融交易。总之，它会引发金融危机，正如在阿根廷的情况一样，后果会持续多年。

但是，一个国家的危险区域发生变动又会怎样呢？如果一个国家采取加税、削减支出以及向其债权人进行再担保的步骤，危险区域当然会变动。但是，问题是，这些步骤必须使潜在的贷款人确信，他们的贷款将会偿还，并且他们不会成为通胀、没收或其他一些金融灾难的受害者。这里的关键是，改变政治领导人面对的激励措施，以便使他们不会受到诱惑去掠夺金融市场，至少等到政府债务上升至高于过去的水平时为止。此类激励措施必定取决于政治变革——会引导政治领袖偿还政府债务或防止他们对国家债务违约的政治变革。一般而言，这会涉及使加税或削减支出在政治上不那么痛苦的变革。但是，这也涉及因税收收入或支出减少而产生的现金真正地用以偿还政府借款——也许通过增加政府违约的政治成本的方式进行。①

这种变革很少是会轻松进行的。例如，如果迫使地方政府削减支出，阿根廷本来是可以避免危机的，它们毕竟已耗尽了很多的公共债务。但是，这样做意味着撤销强有力的地方领导以及裁减地方的员工，这是具有沉重政治代价的行动。② 此类困难也并不是最近所特有的。1713 年，连年战争的代价迫使荷兰共和国中止对其债务支付利息——这是潜在金融危机的信号。为避免危机，共和国本来可以通过提高税收并用增加的收入来偿还政府的债权人而离危机区域更远一些。但是，提高税收要求集权的税收权威以及实施统一税率——在一个实际只是由几乎自治的省份组成的联邦国家，这是有争议的步骤。统一、集中的税收体制使各省感到害怕，它们长期躲避分担税收，当各省阻碍财政改革时，共和国不得不削减其最大的支出——军费。由于削减军费，国家避免了金融危机，但是付出了沉重的代价，因为它在欧洲具有统治力的军事强国的排名中大幅下滑。③

不管怎样，一些国家成功地距离其危险区域更远了一些。之后它们受到冲击而使它们迅速走向债务极端水平的机会也减少了，在那种情况下，牺牲金融市场会变得有吸引力。在废黜詹姆士二世的光荣革命之后，英国是最早的这样的一个国家，并建立了议会立法和税收方面的优势地位。在革命之前，英国君主们常常无法找到贷款人自愿贷款。此后，英国政府可以大量借款，利率都越来越低：1695 年和 1730 年期间，英国债务余额上升了 647%，而其借款的风险溢价却消失了。政治变革已明显地改变了英国的危险区域的边界，但国家的金融变革所要求的不仅仅是现在可以防止皇家掠夺贷款人的更强大的议会。变革也需要更多的税收以及有效的财政官僚机制来进行征收。英国扩大了财政官僚机制并使之专业化，随着议会使高税收合法化，政府的收入在 1690 年和 1714 年间翻了一番多。财政变革也取决于使议会本身

---

① 例如，人们可以想象，政治领导人可以把税收收入用于对于居民而言更加受欢迎或对领导人自己更加有吸引力的东西，而不是向政府的债权人还款。
② 参见 "Argentina's Collapse: A Decline without Parallel" 2002；"Argentina's Collapse: Return to the Dark Ages" 2002。
③ 参见 De Vries and Van der Woude 1997，119–126；Israel 1998，985–988。

无法虐待贷款人。这里的关键是政党——辉格党——在该政党中，政府的贷款人发挥了值得注意的作用。辉格党确保税收收入会用于偿还借款，并使贷款人确信，国家偿还借款的承诺是可信的。①

19世纪早期，西欧的其他国家，在法国革命和拿破仑帝国期间几乎不断战争（至少最初是这样）的压力下，将其危险区域推后。战争的庞大成本迫使这些国家，大多数都是绝对的君主，增加税收，并且有两种方法加税。一种方法是，君主把税收和支出的足够多的权利出让给代表大会。虽然代表大会并不民主，但它们使税收合法化，并使强制征收新税变得较为容易。在这一过程中，君主当然失去了一些权威，但作为回报，也增加了国家的潜在收入，因而增加了君主可以支配的军事资源。② 增加税收收入的另一条途径是改革财政官僚体制，使之在君主一般都会统治的各省统一征税。这样，国家的净收入也增加了。③

人们可能预期，新的税收收入会煽动战火。但是，在19世纪的欧洲，在拿破仑退出之后，战争实际上更少，时间也更短。主要的欧洲强国，17世纪打仗的时间占60%，18世纪为36%，而19世纪只有29.5%，并且在1815年前，大多与拿破仑有关。此外，19世纪的战争，结束得也比18世纪快，结果是，战场上死亡人数相对于人口下降了七倍。④

战争消退的一个原因是，战败的代价太高，特别是对于君主和皇家任命的人更是如此，他们仍引领着对外政策的方向。17世纪和18世纪，战败的国王们仍保留其王位；从革命时期以来，他们被废黜的几率大多了。⑤ 他们愿意牺牲一些权力做交换用来保卫其王位也就不奇怪了。战争严重程度下降

---

① 参见 Brewer 1989；North and Weingast 1989；Stasavage 2003；Sussman and Yafeh 2005。当我们在这里谈到风险溢价时，我们指的是，向英国国债支付的利率与向有信誉的荷兰政府发行的债务支付的利率之间的差价。
② 我们说潜在收入，因为存在可能性（正如在18世纪波兰的情况一样），代表大会会拒绝增加税收：参见 Ferguson 2001，83。
③ 参见 Hoffman and Norberg 1994；Hoffman and Rosenthal 1997；Rosenthal 1998。
④ 参见 Wright 1942，1：table 4.6；J. S. Levy 1983，figs. 6.1 and 6.4；Schroeder 1986，12。
⑤ 参见 Hoffman and Rosenthal 2002。战争频率变小也有其他的原因，国际关系的变化就是其中之一；参见 Schroeder 1994。关于19世纪战败的更大的成本，值得注意的是，在1500年至1799年期间的战争中，奥地利、法国、普鲁士或西班牙没有一个王国失去国王地位，前提是，我们排除至少部分是内战的革命和冲突。但是，如果我们对1800年至1919年的年份做同样的计算，在军事失败后国王被罢黜的概率上升到20%至67%。

的第二个理由是，政治变革已改变了整个西欧的各国的危险区域。具有绝对统治地位的国王们，现在与代表大会分享权力，在很多方面，这些君主立宪的国家与共和国没有两样。这种国家可能只是比绝对统治的君主国家更不易相互开战。①

所有这一欧洲的历史教训如下：如果有足够多的国家通过采用代表制度来改变其危险区域的边界，那么真正产生金融危机的那些冲击将会变得更少，至少当冲击就是战争时是这种情况。改变危险区域所需的政治变革当然从来不是轻而易举的。这一点会引来对以下措施的反对意见：增加税收、减少支出，以及控制绝对统治的君主、地方领导，或其他强有力的政治领袖的权威的立宪变革。关键是要使激励措施正确到位，以便领袖们不再受到诱惑，对金融市场进行掠夺，至少等到政府债务上升到比过去高得多的水平时为止。②

虽然这些历史的案例乍看起来似乎与现代世界不相干，但是，债务水平的政治学今天大抵还是一样的，特别是在发展中国家。冲击可能不同——今天，冲击不太可能是战争，而是衰退或商品价格的变动——但是，极端债务水平的政治逻辑和可变动的危险区域仍保持有力的控制状态。我们已看到很多类似阿根廷的情况，但是类似的故事也在撒哈拉以南的穷国上演，这些国家极其需要设立有效的官僚体制，可以提供现代经济增长所需的公共服务，从法庭、学校到可靠的能源和运输网络。毕竟，政府并非只是掠夺资本市场；正如我们应了解的一样，政府也能做得很好，它们提供的公共服务对于经济增长常常是关键性的。可悲的是，在很多当今的非洲国家，政府机关充斥着政治性的雇员，他们不是通过提供道路、教育、电力和法律裁决，来促进增长。更糟的是，他们及其政治上有影响力的庇护人会阻止用取自他们工资的钱来支付这些公共服务。而当冲击出现时，他们的工资成本会增加对政

---

① 参见 Hoffman and Rosenthal 1997，2002；Rosenthal 1998。
② 因为政治和危机区域之间的关系是如此复杂，所以我们不应期望在一个国家的债务水平和其支付的利率之间存在一种简单的关系，这种关系会反映出违约和通胀的风险。这种利率也会由潜在贷款人采用的策略所决定。

府的压力，对资本市场进行掠夺。① 这使人们回想起欧洲国家，在建立官僚体制以便将税收用于公共服务时所面对的困境，这一在早期的现代欧洲最为重要的公共服务就是——强大的军事力量。

---

① 参见 Collier and Gunning 1999；Ndulu and O'Connell 1999。

第 2 章

信息和危机

　　当股票从 2000 年峰值大幅下跌时，美国企业受到公司丑闻的震动。也许最臭名昭著的丑闻要算休斯敦的能源交易商安然公司了，它在 2001 年晚些时候申请破产，之前它夸大了利润，数量据公司董事会后来宣称，将近十亿美元。欺诈交易和误导性会计夸大了营业收入，而它们很快招来大量的国会传票和刑事指控。安然并非个案。2002 年 7 月，通讯巨头世界通讯公司在类似的指控中倒闭，将安然公司挤到一边，享有了美国最大的赖账公司的恶名。严重的丑闻也重击了其他公司，从施乐、Tyco 到 Adelphia Communications。同时，很多美国公开上市的公司对其营业收入进行过低重述：2000 年有 233 家，2001 年有 270 家，而 1997 年只有 116 家。①

甚至职业的投资者也感觉受骗，当安然和世界通讯公司的高管对他们持有的自己公司的股票价格崩盘前减仓时就更是这种感觉。"你听到大力推销的 CEO 们说，一切都很好，但是，他们正大量出售股票，"一个资产组合经理说，这种矛盾，他认为"简直无法调和。"② 低层级的员工，他们很多将其一生的储蓄投资在公司的股票中，感觉他们被误导，尽管人们在正常情况下会期望特别了解自己雇主的情况。正如一个损失了几乎所有其 200 万美元养老金的安然公司前人力资源高管所解释的，员工没有被"恰当地告知"安然公司"正在发生的"情况，因此，无法对公司的投资作出"明智的决定"。按他的话来讲，"并未告知我们……有关公司的营业收入和内部情况的恰当的信息，如果告知我们，我们本来应该会作出完全不同的决定。"③

外国投资者认为，无赖公司传播的造假的会计资料以及浮华的信息特别令人震惊。正如一位德国的资产组合经理所宣称的，"大家达成了一个一致的意见，美国不再是最好的投资的地方。"④ 美国人曾经自夸，他们的会计标准是最高级的；如果世界其他地方想要享受到股市的繁荣和类似的经济增长，他们应跟上潮流，采用同样的会计规则。大型公司和外国投资者对这一论断很买账，蜂拥进入美国。

随着股市的崩盘和丑闻的出现，丑闻对美国的金融市场及其作为资本安全的避风港的声誉敲响了丧钟，美国的投资专业人士开始对此忧心忡忡。为了恢复对美国公司的信念，传奇投资人巴菲特号召结束最具诈骗性的会计做法，投资公司高盛的首席执行官提出了类似的变革倡议，认为，首席执行官应一直坚持对其公司的股票负责，以免他们从内部人信息中获利。⑤

所有丑闻中不断出现的主题是信息，但并非是所有投资人都拥有的信息。人们对出售公司股票的公司高管的抱怨是，他们知道真实的情况，而其

---

① 参见 Eichenwald 2002a；Glater 2002。重述的上升并不是公开上市企业数据增加的结果，因为实际上在同一期间这一数字是下降的。
② 参见 Leohhardt 2002。
③ 参见 Mason 2002；Von Sternberg 2002。这里引用的高管，在一篇报纸的故事中确定从事安全工作，但是，另一故事中注意到，他负责安然公司在 Minneapolis 的人力资源办公室，已有 18 年。
④ 参见 Andrews 2002。
⑤ 参见 Buffett 2002；McGeehan 2002。

他投资者甚至他们自己的员工都蒙在鼓里。这种不对称拥有的信息,经济学术语为"不对称信息(asymmetric information)"——也是会计丑闻的根本原因。营业收入报告及其他会计数据当然从来不是精确的,总是受到操纵。但是,造假现在达到了出乎意料的程度,人们对企业的财务报告开始了空前地怀疑,甚至使经验老到的资产组合经理和投资银行家都感到困惑。

这类信息的问题绝不是美国特有的,类似的丑闻也震动了亚洲和欧洲的公司,如荷兰的 Ahold 公司、意大利的 Parmalat 公司、法国的 Vivendi 公司。这些公司逼迫其审计师解雇会计师,因为会计师反对公司报告其营业收入的方法,如果这个指控是真的,那么这些公司将因其厚颜无耻而得奖。[①] 这种丑闻也不是 21 世纪的新鲜事。不对称信息很久以前在中世纪的欧洲就使投资者担心,而信息问题不断引发金融危机:1720 年伦敦的南海泡沫;1825 年拉美的矿业股票崩盘;19 世纪法国、美国和澳大利亚按揭贷款人的倒闭,以及一系列其他的恐慌和金融灾难,使它们形成了资本市场一直到今天的演进过程。这些历史上的闹剧在这里具有特别的启示意义。确实,它们使我们更能把握信息在金融危机中的作用,因为它们发生在足够早的以前,使我们能够知道其长期的后果。它们因而揭示了现代危机中所隐藏的最终真相,但这些危机的影响仍有待发现。

在这里,第一步是要理解,为什么信息在资本市场中总是这么重要。这种理解很自然地引出两个问题。第一,什么样的金融市场最有可能受到信息问题及其产生的危机的重创?第二,危机是怎样将人们的注意力从一种信息转向另一种信息的?这些问题的答案会告诉我们两个教训。首先,我们会认识到,随着市场规模的扩大,尽管较大的市场会带来很多好处,但不对称信息的问题还是会恶化。较大市场的好处当然会超过坏处,但两者是不可分割的——这是金融市场中好处和坏处总是捆绑在一起的一个例子。结果是,较小的市场通常是一个要避免的极端,而较大的市场较有可能见证信息问题引发的危机。此外,借款人和贷款人或者说投资者和企业家从危机中吸取的教

---

① 参见 Mauduit and Orange 2002。

训，在较大资本市场中与在较小的市场中的情况可能很不相同。

我们也认识到，金融危机以历史的偶然事件形成的方式改变了信息的价值。危机可以极大地减少某些信息的价值，使投资者从某些投资中撤退。但是，危机也成就了那些成功地渡过危机而没有破坏其财务承诺的公司的声誉。危机对于能通过咨询使投资者逃离灾难的金融中介也有同样的作用。这些中介之后可以帮助金融市场克服来自不对称信息的问题，并使金融市场扩展至其旧的边界之外。因而，每一个金融灾难都会使某些中介和投资具有有利地位，并摧毁其他中介和投资，随着市场的演进，其轮廓和机制将会反映其自身独特的危机的历史。

2.1　金融市场的不对称信息

几乎所有的投资都是有风险的，甚至储蓄账户里的存款也有某些风险：银行可能倒闭或丢失现金记录，储户保险不存在。支取资金也可能出现困难（正如 2001 年年底阿根廷的情况一样）。如果政府冻结银行账户或银行因为突然资不抵债而关门，其他投资损失的几率甚至更大。

问题是，投资者不知道其投资的回报率将会是多少。换言之，他们不知道他们提前预付的钱是否会还回来，他们是否会从中获利。在大多数情况下，他们所有能依靠的东西就是对收益率高低几率的预测。预测可能源于主观感觉或源于广泛的研究，但它们都基于投资者认为与其决定相关的信息：公司的营业收入报告、股市分析师的推荐，或企业主的抵押品及其先前的还款记录。这就是为什么信息对于金融交易如此重要的原因，因为，没有信息，投资者就会两眼一抹黑。

投资者这时确实有一些补救措施。他们可以将其持有的资产多元化。例如，投资于共同基金，而不是拥有单个公司的股票，而事实上投资者好几个世纪以前就已经这样做了。现代金融理论设计了先进的技术，可以帮助投资者以最优方式将其资产组合多元化，但是，这样做要求有关投资者尽可能地拥有所有资产的回报率信息。没有准确的信息，任何预测都是没有价值的。[①]

在理想情况下，所有投资者都会拥有相同的信息。但是，即使投资者拥有相同的信息，他们仍会有困难。正如实验经济学的工作所表明的一样，投资者可能都获得相同的信息，但他们仍会被错误的想法所困扰。例如，即使他们都知道金融资产的基本价值，他们仍可能相信，其他的投资者会知道得更多。这种想法随后会使价格超出资产的基本价值，产生投机性的泡沫，进而造成市场崩盘。[②]

但是，从实际来看，相关的信息几乎从来不是平等分享的。例如，企业主常常比向他贷款的银行更能了解自己是否会偿还贷款。公开上市的公司的CEO常常比大多数的股东更能了解公司的营业收入情况。这种不对称信息事实上引发了很多危机并对金融市场造成巨大的麻烦，并且，正如我们所发现的一样，这一点解释了金融中介如此重要的原因。[③]

要了解此类问题的严重程度，我们来看看人们对美国的公司高管牺牲没有信息的股民而肥了自己腰包这种状况的抱怨——在最近的公司丑闻发展过程中，这些抱怨的调门更高了。安然公司的高管参与了此类行为。因此，公司的董事会最终承认——他们的行为引发了二十多次起诉和很多的刑事指控。[④] 但是，正如商业媒体注意到的一样，问题远远超出安然公司的范围，未受丑闻玷污的公司也受到影响。[⑤] 特别是，丑闻使得人们对于通过给予高管股票期权来支付其薪酬（在20世纪90年代的美国，这种做法越来越常见）这种做法持怀疑态度。一般而言，期权赋予高管按先前确定的价格购买其公司股票的权利。如果公司股票的价值高于这一价格，高管因为能以折

[①] 所谓"准确（accuracy）"，我们并不是指投资者要准确知道收益，相反，他们对收益分布的估计必须是无偏估计。

[②] 参见 Smith, Suchanek, and Williams 1988；Bossaerts 2002。

[③] 关于较早有关不对称信息在解释危机中的作用的论断，参见 Mishkin 1991；参见 Abreu and Brunnermeier 2003。

[④] 参见 Eichewald 2002a，2002b；Morgenson 2004；Barrionuevo 2006；"Enron Prosecution Scorecard" 2006。2006年7月，*Houston Chronicle's* 的网站列出了对前安然公司员工的刑事指控；在这些人中，2人宣告无罪，1人的指控终止，20人认罪或被判罪，3人等待新的审理。并不是所有被指控的人都被控中饱私囊。

[⑤] 参见 "Enron: the Twister Hits" 2002；"Economic Focus: Taken for a Ride" 2002。

扣价购买股票而能够获利丰厚。期权的目的是使高管的利益与其股东的利益挂钩。当股价上升时，高管就获利，高管似乎就有动力使股东的财富最大化。

这是期权计划应该起作用的方式，至少理论上是这样。但是，在实践中，期权一般有很多有趣的特征使人们对其有效性提出疑问。也许最臭名昭著的是这样的政策（大多数期权方案都是一样的）：公司股价上升就对高管奖励，不管股价上升是否与高管的行为有关。特别是，在牛市中，如果公司的股价上升，即使该高管并不是股价上升的原因，即使公司落后于竞争对手，高管还是会受益。[1] 这种不正常的现象以及其他类似情况，已使一些专家认为，期权的设计，实际上并未使股东财富最大化，而是使高管能够收取不成比例的利润却不会激怒股东。反对者坚持认为，很多股东对于期权计划的细节一无所知；其他人对于表面上期权建立了适当的激励措施而感到满意。结果，股东最终被巧取豪夺，因为股东获取的信息比较少。而股东的损失远远超出高管获得的超额薪酬的范围，因为高管将不会按照鼓励高管使股东财富最大化的合约从事工作。[2] 因此，高管将过多的资源用于模棱两可的工程，用来掩盖其舞弊，用于真正的利润最大化的资源则太少。

这种信息问题，涉及经理的欺骗行为，有很长的历史，一个可能的解决方法是与高管订立合约，以防止高管欺骗股东或其他投资者。但是，期权方案本身应该正是这种合约：期权应该保证管理层根据股东的利益行事。高管没有以恰当方式工作的原因正是很多股东忽略的那些细节。一个纠正的办法是，向专家提供必要信息，让专家来照看股东的利益。在美国的公司里，董事会具有这一职责，但是董事自身常常倾向于尊重管理层。

高管以恶棍方式追求自身利益并非投资者面临的唯一信息问题。事实上，即使管理层按照投资者的利益行事，不对称信息仍会使金融市场瘫痪。例如，我们来看看 19 世纪初，在法国革命破坏性的通胀后果发生之后，法国信用市场的情况。正如我们知道的一样，贷款人担心通胀会回归，他们因

---

[1] 参见 Abowd and Kaplan 1999。
[2] Bebchuk，Fried，and Walker 2002。关于更加微妙的观点，参见 K. J. Murphy 1999。

而将其贷款限制在他们充分了解的借款人的范围内，并且大多拒绝发放长期贷款。但是，很多借款人想得到长期贷款为建设项目和资本密集型的工业化筹资。地方的贷款人无法为其项目筹集足够的资金，即使他们能够，他们提供的短期贷款也对借款人施加了巨大的风险，例如，借款人在庞大建设项目中资金会枯竭。

在这种情况下，大家几乎都同意，值得去设立一个新的银行，The Banque Territoriale，以便在国家层面上筹资，并通过长期贷款的方式融出资金。该银行于 1799 年建立，总部在巴黎，通过出售长期债券并吸引存款人来调动资金。随后，该银行向它认为值得信任的法国的任何人发放长期贷款。新的银行似乎有光明的未来，但在迅速扩张后，几年之内就倒闭了。事实上，打垮它的是不对称信息。事实证明，该银行缺少做好借款人信用评价工作所需的信息。特别是，它无法获得信用历史，地方性银行和贷款经纪商运用信用历史来甄别借款人。这种事态使地方贷款人和贷款经纪商能够保留有信用的借款人，而把所有不良的风险甩给 The Banque Territoriale。由于贷款资产组合充满赖账者和不可靠的抵押品，该机构倒闭一点也不令人意外。

这里的信息问题来自我们可能称作盲目或无知的东西——在这一例子中，银行无法区分它所接触的贷款人（译者注：原文如此，应为"借款人"）。问题并非无法逾越，仅仅半个世纪之后，一家具有创造性的法国银行，The Credit Foncier 就在 The Banque Territoriale 失败的领域取得了成功。像 The Banque Territoriale 一样，The Credit Foncier 既在全国范围内筹集资金，也在全国范围内贷款，但是，其战略的细节则不同。特别是，The Credit Foncier 要求其借款人，就支持其借款的抵押品进行的按揭贷款，向国家留置管理当局登记，而银行则运用留置管理当局的记录来考察其借款人的信用历史并因而决定他们的信用风险是否是优质信用风险。按揭贷款登记的运用强制增加了固定成本，对于较小的借款人而言是昂贵的，虽然有关抵押品和信用历史的政策限制了向那些具有最优质风险的借款人的贷款。但是，The Credit Foncier 还是吸引了这些优秀的借款人，因为它的贷款金额大、期限长。The Credit Foncier 和 The Banque Territoriale 之间关键的差别在于它具有更多的关于借款人的信息。① 它的成功使得在欧洲和拉美其他地方产生了模仿者。

The Banque Territoriale 能否仅仅通过收取更高的利率来弥补其风险贷款的损失从而生存下来呢？很可能不能。较高的利率只会赶走能够从地方贷款人那里以较低利率获得贷款的有信用的借款人，但不会影响到赖账者，这些人没有偿还贷款本金的意愿。较高的利率因而实际上可能赶走其最好的客户而吸引更多最差的客户，使 The Banque Territoriale 的情况恶化。在这一例子中，收取较高的利率不能弥补信息缺乏的不足。

一种极端情况是，The Banque Territoriale 面对的不对称信息的问题可能如此严重，以至于市场干脆都不存在了。② 另一种极端情况是，问题可以忽略。然而，通常这两种极端的情况都不会出现，至少在金融市场上是这样：市场的确会起作用，但信息是不完善的，危机会阶段性地发生，而制度创新者（如 The Credit Foncier）会出现，来解决引起以前危机的信息问题。

容易发现的是，危机会怎样冲击此类市场，以及为什么贷款人会时不时地成为此类问题的受害者。例如，想象一下，你与其他几个投资者一起向企业主贷款，一些企业主是那种折磨 the Banque Territoriale 的赖账者。再想象一下，你和其他贷款人都无法区分赖账者和有信用的借款人。如果赖账者的数量不是太大，那么你和其他贷款人将会仅仅提升收取的利率，来向自己弥补因赖账者而偶尔产生的损失，而信用市场会运作如常。但是，假设，在贷款人中只有你单独地突然开发了一种能力，可以区分赖账者和优质的信用风险。因此，你把你的业务限制在肯定会还款的借款人的范围内，而把不良的信用风险推向你的竞争对手。如果你丢弃足够的这种讨厌的信用风险，其他贷款人就会被逐出市场，因为不良的信用风险的借款来自他们，随后出现违约。由于大量的违约以及贷款人退出或自己破产，很容易会产生危机。

不对称信息和危机之间的联系是有关资本市场问题的重要组成部分。它也是我们的论点中主要的一部分。正如本章和以后章节会表明的一样，不对

① 参见 Hoffman, Postel-Vinay, and Rosenthal 2001。
② 参见 Akerlof 1970。

称信息不仅仅是金融危机的一个主要原因，它也是资本市场创新的重要刺激因素。很多金融制度的产生正是为了解决不对称信息的问题，而且常常是在危机猛烈冲击资本市场之后形成的。市场参与者正是在这时使制度适应变革，以便将来克服信息的障碍并防止危机的。

有各种各样大量的信息问题，可能的制度性反应甚至更多。经济理论无法为不对称信息开出独特的矫正方法，因为理论尚不能告诉我们，什么样的制度在现实世界的金融市场上表现最佳。即使理论能够这样做，理论所提供的建议也没人会听，特别是，如果无人能因为设立一种更好的制度而受益时更是如此。但是，尽管有这么多种问题，但历史上信息问题的解决方法常常具有几个共同的特征。

第一个频繁出现的修正方法是订立新合约，可以提供更好的激励措施。例如，美国的企业丑闻已经促使人们寻求更好的方法来订立高管合约——都是希望在未来减少管理层的两面做法。[1]

第二个常用的修正方法，特别当无知是问题的根源时，就是在提前支付任何款项前甄别投资项目。这是 The Credit Foncier 采用的策略之一：它通过潜在借款人的信用历史筛选，就像今天信用卡公司对零售借款人所做的一样。筛选的规则随后就成为制度本身，因为规则也对行为强制实施约束。

第三个矫正方法是，在进行投资后对它们进行监测，以便为投资者提供有关他们资金的状况的更新的信息。今天，审计师和证券分析师向银行和股市投资者提供这种信息。这些信息专家通过收集信息并向没有被告知信息的参与者提供信息，有助于克服信息不对称。其他信息专家（如现代信用报告机构和编撰 The Credit Foncier 所使用的信用历史的官员）可以帮助进行筛选。不管他们做什么，好处是，他们可以以较低的成本提供信息，因为他们都很专业。

在金融市场中，信息专家结果常常成为金融中介。例如，在 18 世纪的法国和 18 世纪的英国，大多数按揭贷款都是由法律官员作为中间人的，他

---

① 参见 Altman 2002。

们有关于土地和其他抵押品的信息。法律官员——法国的公证员，英国的律师和放债人知道哪些借款人有抵押品，具有优质信用风险，而其法律业务也使他们与潜在的贷款人接触。他们一开始起草法律合同，然后在借款人和贷款人之传递信息并实际安排贷款。①

所有这些专家和中介的一个潜在风险是，他们自身可以利用他们应该解决的那些信息问题，并利用那些使用他们服务的未被告知信息的个人。很明显，这种两面手法还会产生另一种不对称。在美国发生公司丑闻的过程中一个主要的抱怨是，审计师对像安然这样的公司过于变通，因为这些公司为审计师提供了上千万美元的非审计业务。如果威胁到来自其他业务的收费时，审计师要反对模棱两可的会计做法就会很犹豫，因此，他们愿意证明那些他们知道有误导性的财务报表。或者，还有更糟的，他们急切地参与这种财务手法，因为可以带来丰厚的收费。证券分析师被进行了类似的指控，他们对安然和世界通讯这样的公司高唱颂歌。投资银行聘用这些分析师，对这些股票表示怀疑，会威胁到这些公司给予投资银行的业务。胆敢对安然公司提出疑问的一个少见的分析师事实上确实很快发现自己没了工作。②

作假的信息专家不只是能加速股市的崩盘，正如 2001 年和 2002 年美国公司丑闻发生的情况一样。在较早的一个世纪中，类似的失当行为事实上使美国西部的按揭贷款市场变得低迷，使几百家按揭贷款公司倒闭，并大大增加了美国的农场主得到远期贷款的难度和成本，正如经济历史学家 Kenneth Snowden 所表明的一样。③ 当时的信息障碍是距离。虽然西部的农场主提供了土地作为抵押品来为其贷款作担保，但潜在贷款人和潜在借款人之间的距离使农场主证明评估变得很昂贵。与贷款违约的农场主进行谈判也很昂贵，正如抵押止赎（foreclosure）的情况一样。

在 19 世纪晚期，按揭贷款公司以及后来的保险公司慢慢地跨过了这一障碍，并开始将资金向西部转移。它们都让地方的贷款代理人评估抵押品，

---

① 参见 Hoffman, Postel-Vinay, and Rosenthal 2001, esp. 200-201。
② 参见 "Enron: The Twister Hits" 2002; "Consistently Right about Enron" 2002; Ackman 2002; CNN 2002; Ratner and Waters 2002。
③ 参见 Snowden 1995。

负责违约贷款的谈判或抵押上赎诉讼。但是，当 19 世纪 80 年代土地市场繁荣时，更多的按揭贷款人进入该业务，一些贷款人开始雇用经验不足的代理，批准了担保不足的贷款。竞争迫使较好的公司效仿，以免失去客户和贷款代理。关键的信息专家——代理，现在就忽略了他们对抵押品价值的信息，以便赚取较高的收费，他们懈怠的行为使贷款资产组合充斥着不可靠的按揭贷款。当旱灾使 19 世纪 80 年代的土地繁荣中止的时候，借款人大批违约。虽然保险公司幸存下来，但危机仍使几乎所有的按揭贷款公司倒闭，使西部按揭贷款市场一片狼藉。①

有各种各样的方法可以让信息专家守规矩，并减少与其失当行为相关的问题。正确的合约可以促使信息专家勤奋工作。例如，如果美国西部的贷款代理的按揭贷款公司拒绝代理选出的潜在借款人，那么代理就赚不到佣金，而且代理要由本人承担处理不良贷款的违约和抵押止赎的成本。如果代理对不良贷款不负责，代理就会冒风险，无法从他原来的按揭贷款公司得到未来的佣金，也很难让任何其他的公司雇用他。他签订的合约因而驱使他仔细地筛选贷款申请人。但是，当按揭贷款业务新入行的人降低标准的时候，此类土地繁荣时期看起来完善的激励措施便破产了。那些没有批准抵押不足的贷款的公司，开始失去客户和代理，而且最终代理自己也不再仔细甄别，因为他们知道不可靠的贷款会被批准，而如果他们的借款人违约，其他按揭贷款公司还会雇用他们。②

如果失当行为会使信息专家和金融中介在未来付出沉重代价，那么他们也可能变得小心谨慎。这种小心谨慎的成本可能是丧失契约，或者，如果失当行为可以在法庭上证明，那么就要向诉讼的原告赔偿损失。这就可能造成声誉的破坏，并失去未来的业务。安达信，审计安然公司的会计师事务所，面对的就是这两种惩罚，最终公司被毁。它要面对安然股东和债权人的诉讼，甚至更糟的是，在它因阻碍司法而被控告后，客户全跑了。

---

① 参见 Snouden 1995。保险公司幸存下来的原因是，它们的资产比按揭贷款公司更加多元化，负债的期限也较长。
② 参见 Snouden 1995。

如果信息专家行为失当，他们也可能担心政府的处罚。最终正是司法控告吓跑了客户，并开始了安达信的倒闭进程。[①] 但是，政府监控和规范自身还会涉及其他的信息问题。虽然投资者（也包括借款人）可能希望公共官员按照他们的利益行事，但是政客或官僚最终可能会听取信息专家的意见。在美国的公司丑闻潮之前，美国会计师事务所成功地游说，来反对限制它们因向公司客户提供非审计服务进行收费的规定——这些费用是会计师为不可靠财务报表进行证明的一个主要原因。[②]

尽管如此，金融中介和信息专家提供的服务可能极有价值，只要所有潜在的问题受到限制。毕竟，如果仅仅因为很多投资者要重复进行相同的信息搜索，要每一个储蓄人去收集有关其自己的投资的信息会很浪费。此外，信息专家可以成本很低地收集信息，因为他们很专业。19 世纪晚期，在美国西部，人们要雇用和培训贷款代理，正如 18 世纪的法国需要安排贷款的公证员一样。同样的情况适用于现代会计师。这种前置成本在较小的资本市场中会高得离奇，但是，在较大的市场中会轻松地支付，在这种市场中，成本可以分散到大量的投资者和企业主间。同样的道理适用于处理金融市场中的不对称信息的修正方法，如筛选投资或监控企业主和公司经理。

不对称信息因而可能折磨金融市场，出现了大量的制度来应对产生的问题——而每一项制度有其自身的困难。不对称信息的问题，反过来又因投资者在短期内了解很慢而长期则了解太好的趋势而变得更为复杂。换言之，最初反应不够，长期反应过度。特别是，他们可能在市场繁荣时放松信息的要求，然后当危机过去时又要求多得多的信息。记者们在美国发现一个趋势，一旦公司丑闻过去，股市开始复苏，对投资者的调查似乎会证明有怀疑的心态。投资者在丑闻爆发、市场崩盘时深深忧虑。但是，当 2003 年市场回升时，一名记者写道"很多投资者似乎对经营公司的高管是否重新变得安分守己已不再怎么关心。毕竟股价上涨会隐藏大量罪恶和寻租。"[③]

---

① 参见 Roeder 2002。
② 参见 Norris 2000；"Enron: The Twister Hits" 2002。
③ 参见 Morgenson 2004。耶鲁大学进行的对投资者的调查表明，2003 年的很多时间里，机构投资者和个人投资者的信心都有上升的迹象；参见 Yale University 2004。

这种趋势可能反映了，即使不存在不对称信息，市场参与者纠正错误想法也要花费时间——这是实验经济学最近研究的一项发现。[①] 或者它可能来自人类学习的顽固心理以及我们很多人拥有的倾向，将像危机那样的惊人事件作为一个新的未来趋向的代表。一个像危机那样突出的事件会促使我们引起注意，特别是当它在新闻中到处流传时更是如此。但是，当市场回暖，公众讨论已转向其他议题时，过去危机的记忆可能会被更近期的事件以及因市场持续繁荣而产生的信心推到一边。[②]

在任何情况下，信息不对称的困难都不会被更好的技术扫除。报纸、邮船、快捷的马车，以及电报和电话线，都减少了以前了解信息需花费的时间，将信息从一个人转向另一个人，就像因特网在最近几年里所做到的一样。但是，这些进步的技术没有一个曾经消除了金融危机。地球的一个地区与另一个地区之间的价格差距可能会递减，危机在今天可能解决得快一些，但信息差异——例如，在公司内部人和未被告知信息的股东之间仍持续着。尽管我们可以比我们的先辈知道得更多，但我们处理的信息仍只是片面的，非均匀地分享的。无知和两面手法几个世纪都困扰着投资者，而投资者所求助的矫正方法——塞满激励措施的合约、抵押品的筛选、对代理和企业主的监控，以及运用信息专家和金融中介——与我们今天运用的方法很相像。独特的金融市场的细节会不同，但是，保留下来的是一个不变的规律：没有一个矫正方法曾经消灭金融危机。

2.2　较大市场上的危机

有没有金融市场未被不对称信息玷污？有，但是，几乎全都是小的市场。就自身而言，小规模不能保证得到保护而不受不对称信息的伤害。如果能保证，你就会很高兴地向任何完美的陌生人贷款；而一旦被贷款捆绑在一起，你们两个就会形成最小的市场，一个只有两个参与者的市场。但是，一

---

① 参见 Bossaerts 2002。
② 参见 Barberis, Shleifer, and Vishny 1998；Barberis and Thaler 2003。

些精细的金融市场确实回避了信息的不对称，只是因为市场是如此之小，以至于信息能自由地流动，所有参与者相互了解，不对称迅速消失。

像这样的情况出现在地方的建筑协会，是 19 世纪和 20 世纪早期美国的按揭贷款的一种重要的选择方案。与欧洲和美国东海岸调动资金的按揭贷款公司不同，建筑协会在它们放贷的社区筹集资金，很少偏移到它们业务运作的社区之外。协会的成员将他们的储蓄汇集起来，进行相互借贷，这样他们会确保所有借款人偿还他们的欠款。他们知道当地房产的价值，可用作抵押品，并能判断兄弟会员是否能持续偿还贷款。他们也不存在管理层行为失当的问题：如果负责管理贷款的管理人员和会员委员会未能做好工作，他们要面对社会的问责。[1]

这种细小的信用市场并非 19 世纪的美国所独有。今天，类似的市场存在于发展中国家。例如，在尼日利亚的村庄，在那里，市场提供的不是按揭贷款，而是短期贷款，可以使村民渡过难关。信息在此也是自由流动的。借款人和贷款人知己知彼，97% 的贷款资金都是在邻居和亲戚之间进行的。[2]

因为此类市场没有受到信息不对称的玷污，因此它们看起来具有正面的质朴感；但是，它们也不可避免地具有严重的局限性，这使它们成为一种极端，是人们正常情况下想要避免的。在困境中依赖村民进行帮助的做法，在整个社区范围内遭受干旱或洪水时就会无济于事，因为当所有潜在的贷款人自身都遭难时，你就无法借到足够的借款。而如果贷款仅限于邻居和亲戚，那么，很多有信用的借款人就会得不到信贷，很多有回报的投资仍会得不到资金。

这是 19 世纪晚期美国按揭贷款市场面临的一个问题。诸如地方建筑协会这样的贷款人可以在他们自己的社区放贷，但是，他们无法将资金贷到距离很远的地方。尽管他们提供了 1890—1893 年期间由中介提供的所有美国按揭贷款金额的 24%，他们还是不能将资金向西投放，因而无法使区分东

---

[1] 参见 Snowden 1995，216–221。正如 Snowden 指出的一样，并不是法规限制了建筑协会贷款的范围。

[2] 参见 Udry 1994。

海岸与中西部地区及平原地区的利率差价缩小。另一个重要的按揭贷款提供者，互助储蓄银行，也无法做到，它们像建筑协会一样，也将其贷款限制在信息可自由流动的当地市场范围内。唯一可能将按揭贷款投放很远的是按揭贷款公司和保险公司，它们的贷款代理的失当行为，给它们带来了严重的问题。结果，如果西部的借款人要能得到按揭贷款，他们要付出高成本；东部的投资者失去了高额回报率的机会；而西部的利率比东部高出了 2%。①

相比较而言，较大的金融市场常常有巨大的优势。通过挖掘更大范围的投资者，它们可以比较小的市场调动更多的资金。而给予投资者资产多元化的机会，正如金融专家所建议的一样，它们使投资者避免了在较小市场贷款的风险，并因而降低了资金的成本。但是，伴随这些优势的却是不对称信息，因为，对于较大的市场，借款人和贷款人，或者投资者和企业主，相互知根知底的可能性要小得多。他们想要在金融市场成长时，完全熟悉交易的所有新的金融工具和需要资金的所有新的投资项目，可能性也会比较小。结果产生的不对称信息，在较大市场中带来了收益。这种收益是来自更多的投资者，也来自更多元化的借款人的公平交易的一个不可避免的副产品。

信息不对称之后也会带来危机，不可避免会与较大的市场规模如影随形。它们是较大市场带来的巨大好处的不好的一面。金融市场越大，危机的种类越多，只是因为市场参与者不仅有借款人和贷款人，或者投资者和企业主，而且也有金融中介——彼此了解较少，对他们交易的所有金融产品了解较少，为人们利用其他人不知道的东西留下了较多的空间。危机在较小的金融市场中也会发生，但是它们常常有一个共同的起因——缺少多元化。在较大的市场中，起因更为多种多样：无知、管理层的两面做法，以及其他各种信息问题。有这么多可能的起因，教训就会按复杂的方式而多种多样，这取决于制度的细节和历史的事件。

较大资本市场的危机也可能纯粹是由于很难习惯新的金融工具而引发的。这里的问题，可能仅仅是投资者修正有关新情况的错误的想法所需要的

---

① 参见 Snowden 1995。关于利息的差异，参见 Snowden 1987，也请参见 Eichengreen 1987 中提示性的文字。

时间，即使当投资者都能获得相同的信息时也是这样。[1] 例如，虽然所有的投资者可能对新的金融资产的基本价值都有相同的没有前景的信息，但是，每个投资者都可以认为，投资者伙伴会高估该资产，因此可能竞价会较高。结果可能是该资产的价格上升，当投资者意识到该过程不能再持续时，就会产生彻底的崩盘。

这就是在著名的南海泡沫发生期间所发生的大概情况，泡沫越吹越大，随后在1720年伦敦股票交易所股价变动时泡沫破灭，当时，南海公司的股价从1月末的130.50点上升到7月1日的950点，然后于9月下旬下降到300点，使大量的投资者破产。[2] 泡沫的起因是用国债交换南海公司的股票的宏伟计划，该公司是一家政府设立的交易公司，它在这一过程中成为现代共同基金的早期现代版。对于国债持有人来说，有吸引力的地方是，他们可以摆脱按年得到偿还金额以及其他在需要现金时很难出售的国债。作为交换，他们会得到南海公司的股票，可以在伦敦交易所交易，这比起他们的国债要容易清算得多。它们也承诺股息以及公司股票可能的升值。

该计划也使政府有兴趣，政府从中看到了减少在战争年份中积累起来的大量的债务的方法。理由恰恰是，公共债务的拥有者一旦持有容易出售的股票，就会要求减去利息后的付款。此外，法国已启动了一个类似的计划，法国是18世纪英国的对手。如果该计划成功，法国人在为未来战争筹款时会比较轻松，到时英国会面临严重的军事威胁。如果这样不足以赢得政府的同意，公司就会进行在当时典型的行动，去贿赂官员和议会成员，以便获得立法，授权发行新的股票，使整个运作成为可能。

该计划当然也使南海公司的董事有兴趣，他们可以在这笔交易中获利丰厚，非常类似一家丑闻缠身的美国公司的现代高管层。其获利的多少取决于他们向国债持有人提供的条件，以及公司的股票在伦敦股票交易所的价格。如果公司股价高，其获利就增加，因为他们随后向国债持有人提供的授权发

---

[1] 参见 Smith，Suchnek，and Williams 1988。
[2] 这里的价格，是按面值的百分比表示的，取自 Neal 1990，62–117，231–157，该文精彩的分析是我们对南海泡沫描述的来源。正如 Neal 指出的那样，在南海泡沫事件中，除了信息以外，还有其他的问题——特别是，伦敦的信用危机。

行的新股票就会较少。而如果价格上升，他们可能能够提供更少的股票而获利，因为国债持有人随后就可指望未来的资本利得。

因此，公司鼓励南海股价上升。公司使股价上升的主要做法是，以优惠条件为收购新股票进行筹资。如果旧股票的所有人想要买入更多的新股票，他所要做的一切就是把他的旧股票作为抵押品，而公司就会向他贷款，用来买入新股票。公司也允许新股票的买入者凭保证金购买，而公司在金融媒体上发布有关公司前景的不实的报告。公司成功地提升了股价，就公司董事误导投资者的程度而言，该泡沫是由不对称信息——董事拥有但投资者没有的信息引起的。但是，该泡沫的统计上的证据也与以下情况一致，即投资者在进入市场时都获得基本相同的信息，然后仅仅是花些时间来修正他们关于该计划值多少钱这一问题——特别是，他们关于他们的投资者伙伴会为股票支付多少钱这一问题的想法。在该泡沫形成的很多阶段，很多投资者预期市场参与者中的伙伴们持续看涨南海公司股价，因此，似乎值得他们也去支付更多的价格。在此期间，他们也交易新的金融工具——不仅有南海股票，而且也有在该泡沫形成期间为了筹资而成立的大量新公司的股票——他们花了几个月时间才了解所有这些金融资产真正值多少钱。[1]

在南海泡沫形成过程中，金融工具是新的，但是，投资者至少先前对南海公司，以及对先前国债转换成其他公司的股票有一些经验。当投资者开始对他们毫无经验的项目进行融资，例如，对完全新的技术，或对那些第一次对金融市场打开大门的国家的公司，进行投资的时候，信息问题会变得更糟。那种市场扩张大大地放大了信息问题，因为伴随着修正错误想法的困难，突然之间还有很多的空间来编造不对称。

在南海泡沫之后仅仅一个世纪，英国的储蓄人蜂拥至拉美投资，拉美现在已摆脱了西班牙对外国资本的限制。他们贷款给新独立的国家，为很多看起来很有前景的公司融资。矿藏项目引起了特别的热情，因为拉美被广泛认为（正如一份招股说明书陈述的一样）"拥有金、银、铜和其他丰富的金属

---

[1] 参见 Neal 1990，80-88；Baskin and Miranti 1997，110-111。

资源。"据称，英国的专业技术知识，会很容易弥补几代不称职的西班牙矿业高管层的不足。英国投资者充满信心地预期他们的机器和矿业工程师会迅速使这些矿盈利，并且英国的专业技术也会在农业和商业方面创造类似的奇迹。[①]

乘着这种热情的翅膀，1824 年创立的矿业公司的股价飞涨，到 1825 年初上涨了两倍或远高于两倍。受到股价提升的吸引，支持的人迅速成立新的矿业公司并向大众发行股票。与现有的公司不同，很多新公司甚至在努力获得签有合同的具体的拉美矿藏之前就开始出售股份。他们只是先筹钱，再考虑怎么去拉美寻找合适的矿。虽然此类承诺事后看似乎是不可靠的，但马上使很多英国投资者相信。而做到这一点，原因很简单：投资者缺乏有关在遥远的拉美所发生的情况的最新信息。他们有关拉美矿业信息的唯一来源是德国探险家和自然学家 Alexander von Humboldt 大约二十年前对探险所进行的描述，更近一些的，是通过轮船送回来的信函，这些船要花数月才能到达伦敦。投资者因而就自愿地掏钱，并没意识到，很多矿已被淹没，或年久失修，以至于开矿地区缺少道路，无法运送机器和矿石，并且，很多英国的技术在拉美并不适用。缺乏信息也使投资者容易受到在伦敦骗取股东资金的推销者和公司高管的伤害，容易受到将最好的矿址留给自己而只向英国人出售最差矿坑的拉美矿主的伤害。股价上升随后鼓励了甚至更加奇特的投资拉美的建议，从让英格兰的挤奶工在阿根廷炼制黄油的疯癫计划，到要把洪都拉斯氤氲污浊的沼泽变成殖民地的诈骗计划——后者是由一个骗子组织的，他根本没有他提议进行殖民的土地的任何产权。[②]

随着 1825 年艰难地到来，当投资者开始对矿业公司以及对向拉美政府借款有所微词的时候，泡沫破灭了。矿业股票和拉美国债的价格大幅下跌。货币收缩使崩盘变得更糟，银行在把拉美债券当作贷款的抵押品时变得谨慎起来，英格兰银行（政府的银行，是当时唯一注册为公司的银行）收紧了银根。破产的数量飙升，随之而来的恐慌击垮了很多银行。最后，发行的拉

---

① 参见 Dawson 1990，102–123。
② 参见 Morgan and Thomas 1962，80–87；Dawson 1990，102–122；Neal 1996。

美债券大多数都违约了，一半以上的矿业公司也倒闭了。①

市场的扩张，向各种各样的信息问题打开了大门。第一次出现的有关投资的想法被证明太过乐观，要了解偏远地方的新公司的困难使问题更为复杂。缺乏信息就会带来无知、诈骗和错误陈述。当然，现代的投资者可能提出异议，他们绝不会如此天真，但事实是，他们也会在市场扩张时轻易地掉进同样的陷阱，互联网泡沫只是最近的例子。② 因为互联网是一种首次进入运营的技术，投资者在估计新启动公司的可能盈利时会遇到困难。不对称信息又一次使情况变得更糟。缺乏真实的关于收入的信息以及股价的上升，鼓励了盲目投资和欺骗行为，特别是中介和信息专家的欺骗行为。财务顾问出售可疑的咨询意见，分析师公开地吹捧他们私下取笑的股票，而投资银行则急切地叫卖价值不可靠的股票，以便获得佣金和手续费。

总之，在较大的金融市场中就会有更多的信息问题，因而会有更多的方式促发金融危机。但这并不是说，小的市场是安全的避难所。虽然一些较小的市场可能会免受大多数信息问题的伤害，但它们严重地限制了可能进行的金融交易，因此可能使市场参与者的境况更坏。19世纪美国西部的地方性建筑协会设立了精细的按揭贷款市场，但是不能满足贷款的需求。而较小的市场自身也易受危机的伤害。由于只有有限数量的参与者，它们无法让借款人和贷款人多元化，因而，它们在发生干旱、工厂关门或其他一些冲击地方经济的情况时可能会崩盘。例如，尼日利亚村庄较小的信用市场，在所有潜在的贷款人失去他们自己的庄稼时可能无计可施。很清楚，规模尽管会带来不同种类的危机，但仍是一个优势，而较小的市场总体而言是一个要避免的极端情况。

因为较大的金融市场会受到如此多的信息问题的打击，在危机发生后，人们常常无法说清楚准确的原因是什么，以及什么方法最佳。即使在危机后的日子里找出了原因，经济理论也常常无法告诉我们应该做什么。甚至当理

---

① 参见 Rippy 1947，123；Morgan and Thomas 1962，82–87；Dawson 1990，102–122；Neal 1996。

② 参见 Shiller 2001。

论能够做到时，其建议也频频无人理睬，因为进行大多数制度改革的金融中介或政府官员一般不会倾听经济理论的要求，而是服从他们个人利益的需要。

最糟的是，甚至在采取适当的解决方案时，方案的设计也只是为了防止刚刚过去的危机。它一般无法防止下一次危机，而在较大的市场中，这种危机可能是由完全不同的原因引起的。在南海泡沫发生后，议会调查了南海公司，而政府支付了部分损失——至少足以使投资者不至于被吓得逃离市场。法律决定和政府政策也使得设立这种与南海公司一起发行股票的新的合资公司变得更加困难。但是，所有这些措施都不能防止危机在 18 世纪较晚时期不断地冲击英国资本市场。[①]

在美国最近的一系列公司丑闻之后采取的变革和吸取的教训又会怎样呢？它们是否会重整金融市场，是否会对公司强制增加巨大的负担，是否对防止未来的危机作用很小或根本没有作用呢？或者，它们是否使虚假会计和高管诈骗在未来发生的可能性变小？要说清楚这些还为时尚早，因为危机的后续影响和变革措施一样需要很多年才能让人感受到。

2.3　危机怎样改变信息的价值

金融市场所需的信息不会简单、神奇地成为现实；市场参与者须求之有道。这就是为何贷款人要对抵押品进行调查并考察借款人财务稳健状况，以及投资者要从信息专家那里出钱获得咨询意见的原因。这也是借款人和企业主与银行讨论，以便了解利率或贷款条件的原因。市场参与者之间的互动正是产生信息的方式；信息事实上是在市场中产生的。

金融危机会影响这一进程，主要是它们会改变各种不同信息的价值。它们通过复杂的方法做到这一点。一方面，危机会极大地减少某些信息的价值，使投资者从某些受玷污的投资中撤出。一些在危机前看起来是有美妙前

[①]　参见 Hoppit 1986；Neal 1990，169-171；Harris 1994；Baskin and Miranti 1997，116-121；Ferguson 2001，114。

景迹象的东西，会在以后使投资者回避某一类所有的企业主或借款人，而不管他们的单独的优势。这就是技术类股票在美国因特网泡沫发生后面临的命运：到 2002 年三季度末为止，技术类密集的纳斯达克指数，包括大多数因特网泡沫中受人喜爱的股票，价格从 2000 年的初峰值下降了 90%，而范围更广的标准普尔 500 种股票指数倒退了 42%。

中介由于其信息被证明是错误的而会遇到同样的命运。但是，尽管这些不幸的公司在信息这个地狱中煎熬度日，危机仍会造就那些成功地幸存下来而没有对其财务承诺食言的公司的声誉。对于那些咨询意见使投资者逃离灾难的金融中介，危机也起到同样的作用，已经上升到信息上来说相当于天堂的地位，这些公司将会在未来市场扩张中引领前进的方向。它们的化羽成仙可能只是一种幸运的结果，它们并没有刻意去获得，但它们成功的历史会决定未来市场增长的进程，这种引导的方式，如果不考虑这一历史而光靠政治经济学是无法解释的。

历史的事件和修正的声誉反过来会影响市场参与者对金融工具和合约所强制实施的正式和非正式的规则。例如，股市有上市要求，公司在其股票可以交易前必须满足上市要求。类似地，美国的按揭贷款放款人对他们将要提供贷款的房地产的种类有限制。一些机构规定的限制，如联邦全国按揭贷款协会（Federal National Mortgage Association），该机构买入贷款，将贷款捆绑，然后向投资者出售。这些规则相当于制度，至少根据我们对制度的定义是这样，并且，市场与市场，工具与工具之间，制度各不相同，如人们要求的信息一样。这些规则事实上有助于定义借款人和企业主需要提供的信息，以便发放贷款或筹集资本。在每一种情况下，它们能说清楚什么是可接受的投资，什么不是。虽然这些规则不会经常修订，但它们在两种情况下确实会变化。首先，当市场繁荣时，规则会放松。当美国经历因特网和技术股上涨时，关于股票估价的传统假设被丢弃，至少暂时是这样；而有关公司会计数据的可靠性的想法也是这样。不奇怪的是，在危机后，规则会修订，会强制实施新的法规。当因特网和技术股票大幅下跌时，一度雄心勃勃的企业受企业丑闻之害，纳斯达克和纽约证券交易所着手对它们的上市要求进行修订；

投资者对会计数据感到愤世嫉俗，并修订（尽管很慢）了他们对股票估值的想法；最后但并非不重要的一点是，国会通过了《萨班斯—奥克斯利法案》，该法案对会计师、投资银行和企业强制实施了新的要求。[①]

很多其他的灾难的特点都是这种相同的模式——危机前放松规则，危机后强制实施新法规，从伦敦的南海泡沫到 1929 年纽约的股市崩盘。因而，值得花一点时间来理解这种模式得以持续的原因。本质上，原因涉及改变法规以及寻找有关投资的信息的成本，这些法规和信息会保护投资者免受两面手法及自身无知的损害。在危机前，市场繁荣，来自投资者的收益暂时很高。投资者（或至少一部分投资者）变得踌躇满志起来，因而就错误地预期高收益会延续到未来，并且没有风险。[②] 因此，他们放松了对投资项目的警惕，因为似乎不值得花费成本去寻求有关不良项目的信息。企业主做出相应的反应，并通过巧妙加入劣质投资项目来利用投资者。借款人、金融中介和信息专家也是这样。最终，他们中任何人坚持严格的标准都是不值得的，因为无耻的竞争对手通过在暂时易受骗的投资者面前大谈不现实的承诺就可抢走业务。随后，门就向各种盲目、欺骗的行为打开了，并最终走向危机——这就是 1824—1825 年拉美经济泡沫，19 世纪后期美国西部按揭贷款，以及更近时期的因特网泡沫过程中所呈现的情景。

后来，投资者需要新规则，但是，他们实施这些规则的成本很高。如果新规则是正式规则，如法规，将不得不向政府游说，作出必要的改变。关于私下行为的新的不正式的规则也可能要求花费时间和金钱，以便使其他市场参与者协调其行为，要一个个人承担这种代价高昂的游说运动通常是没有意义的，因为很多其他的市场参与者会分享好处。只有较大的机构能领导此类运动，而其努力常常受到经济学家所谓的"规模经济"的限制——换言之，启动一项运动并不值得，除非预期收益（来自投资者的风险减少，回报增加）比较大。在危机产生后果后，这些收益现在显得比较大，投资者会修

---

① 参见 Hill and Labate 2002；Labaton 2002。最初，投资者仍有信心，相信股票会复苏的（参见 Shiller 2001，235–241），但是，最终，他们的态度开始变化（参见 Karmin and Sesit 2002）。
② 关于因特网泡沫前这类观点的证据，参见 Shiller 2001。

正其关于这些收益的观点。只有这时，机构才会推动此类改革。

那么，在危机后强制实施的新规则是什么呢？大体而言，新规则分为三类：

第一类是借款抵押品的更为严格的要求。当 20 世纪 90 年代南加州房地产价格暴跌的时候，曾经很乐意对几乎 100% 的住宅购买价格提供资金的按揭贷款人，突然要求买房人将其房产中 20% 的权益用作抵押。此类严厉的抵押品要求却是最快消失的一类规则。它们对借款人行为的披露太少太少，不能防范投资者面对的很多问题。此外，抵押品要求提高，很难在诸如不动产贷款这样的外部领域实施，因为贷款人不知道怎么去评估为还款担保的资产，并且他们不能轻松地评价在违约时其他债权人可能的债权。

第二类常见的规则会提示贷款人和投资者避开某些地区或经济类别——诸如"别碰网络股"或"像避瘟疫一样回避阿根廷"这样的规则。此类警戒很常见，因为金融危机频频使单个的行业很突出。危机也会因为环境的或政治的原因（干旱、洪水、入侵、政府掠夺行为）冲击某些国家或地区，或者因为这些地区的经济因一个行业受危机打压而低迷。当 19 世纪末干旱肆虐美国西部的农场时，对西部按揭贷款投资的东海岸的投资者损失惨重。此后，他们回避这一市场，把它留给资产组合比较多元化的较大的保险公司。[①] 为澳大利亚繁荣的土地市场融资的英国投资者在 1889 年市场崩盘时也是这样。为投资者的资金负责的银行和土地公司倒闭，此后，"任何明智的投资者宁愿将钱埋在地板下，也不愿把钱委托给澳大利亚的银行。"[②]

第三类规则单独针对金融中介。危机后，投资者会问，哪些中介帮助客户避免了灾难。一些推动风险过高的投资的中介，可能没能发现涉及的风险，或者它们甚至隐瞒了有关某一项目的风险。在危机后，它们的声誉会受损，投资者会采用隐性的经验规则，认为它们在未来是不受信任或不能选用的。

与之相对照，其他的中介可能会警告客户有风险，即使这样做意味着短

---

① 参见 Snowden 1995，230。
② 参见 Davis and Gallman 2001，642。

期内手续费会有损失。或者，如果它们没能预见到危机，它们可能会很快会从危机中学习，并迅速采取措施保护其客户或帮助客户在未来避免类似的麻烦。如果它们已获得投资者的信任，危机就会打造或提升它们的声誉。这一结果事实上作用很大，可以培育像 Rothschilds 和 J. Pierpont Morgan 这样的投资人成名崛起。

确实，投资人要赢得骄人的声誉还有其他的途径。他可以像 J. Pierpont Morgan 一样，能够从偏远的地方调动资金或将资金用于新的行业。他可以，还是像 Morgan 一样，将行业重新组合，或者创设卡特尔。或者，他可以像 Morgan 的父亲 Junius 一样，在金融上打赌并成功，此后便能吸引投资者——在 Junius 的例子中，在 1870 年，尽管节节胜利的普鲁士包围了巴黎城，他仍帮助法国政府筹集资金。[1] 甚至 J. Pierpont Morgan 的声誉也还是主要在危机中赢得的。

对 Morgan 及其银行的信任不仅仅是对著名银行家本身的信任。[2] 这一点可能至少部分要追溯到 George Peabody，一个美国人，经营一家伦敦的银行，这家银行脱胎于 Morgan and Company 公司，并追溯到 19 世纪 40 年代，在 9 个美国的州对其债券违约后，他这个美国人采取的行动，保护了英国投资者。Peabody 已向英国投资者出售了很多美国债券，但这些债券违约了，他努力使这些州恢复对其债务还款。马里兰州是他首次做成生意的地方，在这里，他的效率特别高。他帮助发起了一次成功的运动，来影响公共舆论，并选举那些支持恢复还款的立法人员。虽然他不是唯一一个参与的银行家，但他从危机中崛起，赢得了英国投资者的信任，因为人们普遍认为，多亏了他，又在 19 世纪 40 世纪中期，使美国那些州做出决定，开始对其债券还款。

英国投资者的信任随后在紧接着发生的危机中被 Junius 放大，Peabody 把他吸收为合伙人，后来被 Junius 的儿子 J. Pierpont Morgan 放大，他在美国

---

[1] 关于 Julius，参见 Chernow 1990，26–27。
[2] 后面的段落基于 Chernow 1990，3–70；Strouse 1999，5，13，50，196–199，以及 Carosso 1987。

铁路方面捍卫外国投资者。在 19 世纪 70 年代早期的铁路破产使外国投资者付出沉重代价后，J. Pierpont Morgan 采取了很多措施来保护未来外国人的利益。最初，他和他的银行采取措施仔细筛选投资。筛选只是小小的成功，但另一个策略证明要有效得多——他坚持对他向投资者推荐的公司拥有越来越多的控制。对摩根银行的信任（特别是在市场下行期间，当其他金融中介资金短缺时）使银行可以处置的资金很多，以至于它可以提出这样的要求也能轻易地得逞，这使 Morgan and Company 公司可以比其竞争对手更加严密地监控投资。

因而，Morgan and Company 公司批准的公司并不仅仅是受到仔细筛选；在进行投资后，这些公司也受到严密的监控。作为这种监督的回报，它们有优势，可以获得充足的融资，甚至在衰退期间也是如此。到 19 世纪 80 年代为止，J. Pierpont Morgan 还增加了一种设计来保护投资者——备受争议的"联合公司（combinations）。"联合公司是对相互竞争的公司进行合并，使管理更为理性，竞争减少，从而提升投资者的利润。把钱委托给 Morgan 的投资者事实上投资得不错。尽管并不清楚，他们较高的回报到底是因为他作为经理的技能，是因为他选的投资项目很好，还是因为他这种联合公司的市场力量。①

事实上，在某种程度上，外国投资者只需确定，他们所需的唯一信息是，某一投资是否是由 J. Pierpont Morgan 推荐的。对于 Rothschild 家族的伟大银行家以及很多其他成功的金融中介，也可以讲述类似的故事。每一个成功的公司都通过在危机期间和之后保护客户而提升它们的声誉。对于 Morgan and Company 公司，是在喧闹的美国市场上，持续不断地采取保护措施来维护外国投资者的。对于 Rothschild 家族，故事涉及拯救英格兰银行，以及劝说像西班牙和巴西这样脆弱的国家在危机后恢复偿还债务。当然，这种声誉会产生超常的预期：在危机中，投资者可能期望传说中的中介介入并解决问题。此类期望今天我们仍会碰到。当投资银行所罗门兄弟公司在

---

① 参见 De Long 1991。

1991 年因在国债市场上的投标丑闻而受到重击时，Warren E. Buffett 接管
CEO 职位来挽救公司的声誉——这是一种信号，此类问题仍很重要，特别
是在危机后更是如此。

危机迫使投资者修正观点，并思考什么样的信息在未来最有用这一问
题。结果是，信息的需求出现转变，这种转变，在大多数情况下，促进了一
系列新规则的出现。这些新规则会取代被放松的法规，在危机前的繁荣时
期，那些规则助推了灾难的到来。当然，在理想情况下，投资者会持续修订
法规，在市场繁荣时也不减少警惕。但一般而言，正是在危机后果出现后，
投资者才会推动可接受行为的新标准，它们可能包含在法律或合同中，或
者，可能只是非正式的理解或行为模式。不管它们以何种形式出现，新规则
都会成就诸如 Morgan 和 Rothschild 这样的金融中介的声誉和财富，因为它们
的咨询意见使投资者免受灾难之害。

因此，历史事件，特别是金融危机将会引导金融市场的变革，除非与历
史分析相结合，否则，政治经济学将无法单独解释引导的方式。危机将会成
为金融发展的转折点，在这些时刻，规则和金融家的声誉将得以重塑。因为
不对称信息和掠夺性政府绝不会消失，所以危机也不会消失。它们总是会重
新调整金融发展的方向。

第 3 章

危机和中产阶级

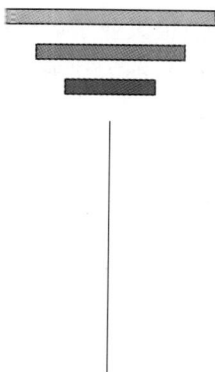

在 20 世纪 80 年代早期，Iowa 和邻近各州的富裕的农场主突然发现他们深陷飞涨的利率和下降的商品价格之中。很多人是在 20 世纪 70 年代繁荣时期借款购买土地和机器的，当时，玉米和大豆的出口增加了农业利润。但是，当利率上升而价格崩盘时，他们再也不能偿还债务了。贷款抵押止赎（foreclsure）的比率上升了三倍，到 1985 年，Iowa 州长的发言人宣称，该州 40% 的农场主遇到了麻烦。[①]

随着农场主违约，他们以极低的价格抛售土地和设备。以实际价格计算，农用地的价值暴跌 69%（参见图 3.1）。当借款人欠款而抵押品价值暴

[①] 参见 King 1983；Dickenson 1985。

跌时，发放过多农业贷款的贷款人开始发现自己摔了跟头。受困的贷款人的范围，从当地的银行（包括 Hawkeye Bancorporation，Iowa 最大的银行持股公司和最大的农业贷款机构）到年长的农场主，这些农场主在农场价格较高时，以个人名义为其自己农场的出售提供融资。虽然这些属于中产阶级一类的投资者都会有一些资产，但是，他们缺乏金额较大的多元化的资产组合，可以用来轻松地摆脱 Iowa 的危机。最后，他们在危机中遭受苦难的程度与倒闭的农场主或小镇上被毁灭的商人一样。他们与农场主都不富，不足以多元化，像农场主一样，他们可能破产或失业。更可怜的 Iowa 人，背井离乡，到其他州去找工作，当然也失业了。但是，与农场主不同，商人，以及属于中产阶级的贷款人，他们至少不会因失去储蓄而悲伤。[①]

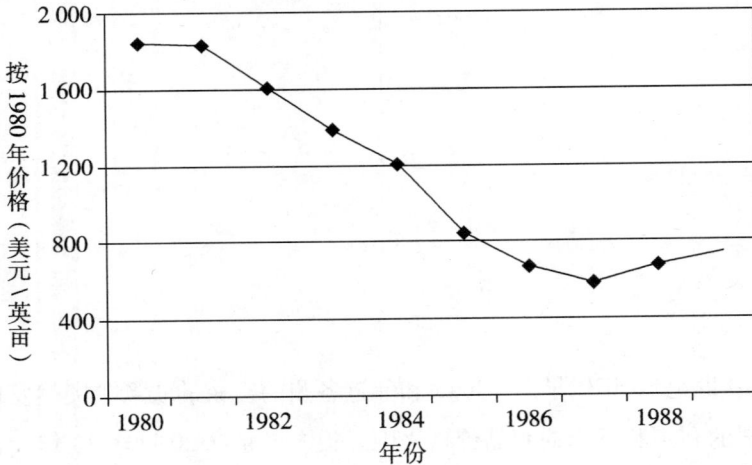

图 3.1　1980—1989 年 Iowa 农场不动产的价值

注：单位为按 1980 年价格计算的每英亩美元。用中西部城镇消费者的消费物价指数对通胀进行校正。

资料来源："Value of Farm Real Estate" 2006；"Consumer Price Index, All Midwest Urban Consumers" 2006。

Iowa 发生的事件对于很多在金融危机中发生的情况具有象征意义。富

---

① 参见 Flanery 1985；Greenhouse 1985；Robbins 1985；Sinclair 1985。我们感谢 RodKiewiet 提供的关于为已出售农场提供资金的单个农场主的信息。

人们可以最终承受一些损失，但是，多元化通常会使他们免受灾难之苦。在社会族谱的另一端，穷人们可能面对失业的魔咒，不得不搬迁，改变职业，但是，他们没有什么储蓄形式的财产可以损失，而如果他们可以在别处找到工作，他们将不会比以前穷困。而对于处于中间的个人和机构，损害会更为严重。

而正是处于中间的机构和个人使大多数繁荣的金融市场得以维持，并在危机期间和之后寻求新的金融制度。在 Iowa，这一群体包括具有企业家精神的农场主和像 Hawkeye Bar corporation 这样的中等规模的贷款人。因此，毫不奇怪的是，Hawkeye 的总裁号召对农业债务体系进行全国范围的重组，并且整个中西部地区的农场主推动政府贷款补助并延期履行贷款抵押止赎（foreclosure）。①

要了解为什么在经济标尺中处于中间的个人的支持是健康金融市场的关键，以及为什么他们也最有可能在金融灾难后推动改革，我们先看一看危机、不平等和制度是怎样相互作用的。一般而言，危机会进行财富再分配，并使穷人的队伍更加庞大。但究竟是谁承担大部分的风险取决于金融制度，而制度反过来会影响个人在危机后作出反应的方式。对以后的金融重组的要求也与不平等有关。穷人很少为金融创新疾呼，这一点毫不奇怪，但是，改革对处于中间的群体——既不富也不穷的借款人、贷款人、投资者以及企业主——的数量有多么敏感这一点还没有重视。如果这一群体很大，它将是活跃资本市场和金融创新的一股强有力的力量，而在成为富人和穷人之外有其他选择的社会中，它会变得更加庞大。

应当承认，对这一规则有一些例外情况：例如，在前苏联，财富上的差别很小，但是，处于中间的借款人、贷款人、投资者以及企业主这一群体基本上不存在。通常而言，与一个较为庞大的处于中间的群体相伴而生的是，较小的财富上的差别。当因为持续的不平等使这一群体变得较小，或当它因为危机而急剧萎缩时，资本市场在政治和经济领域就会失去一个最大的同盟

---

① 参见 "Iowa Governor Invokes Provision to Delay Foreclosures" 1985；Coleman 1985；Flanery 1985；Greenhouse 1985。

者，因为金融创新的需求就会比较小。

3.1 不平等怎样影响金融市场：一个简单模型

要把握危机和不平等怎样相互作用的最轻松的方式是，聚焦一个直截了当的例子或模型——一个虚构的市场，该市场的唯一金融合约是贷款。想象一下，一个没有较复杂金融交易的世界——一个没有股票、衍生产品、金融交易所或创投资本家的世界。这样的一个世界可能看起来过于简化，但是，它提供的远见卓识将会对一个更加复杂和现实的领域进行归纳。

让我们假设，在这一想象中的世界里有人想要筹集资金。可能是一个年轻的妇女想扩大养鸡的业务，或者是一个人想买辆卡车，开始送货服务。在各自的例子中，年轻的创业者需要借款，但潜在的贷款人或投资者自然会担心她或他的还款意愿。

广义而言，有两种方式来减少其焦虑：通过抵押品或靠信誉。当借款人提供抵押时，她向贷款人提供财富作为质物；如果她没能按时还款，他们就会占有质物。相反，如果借款人依靠其声誉作担保，那么她使未来获得信用的权利处于风险之中。不能按承诺偿还贷款就会使在未来借款变得很困难。

借款人不管靠抵押或靠声誉筹资将取决于几个因素。一个因素是，借款的性质。假设，家禽飙升的订单使我们这位想象中的年轻妇女要去雇用一些临时工。她可能要在卖出小鸡前向工人付工资，并且不得不借款去付工资。但要用小鸡作为抵押尚没有可能，因为小鸡可能很容易被偷或从农场里拿走。提供住宅或土地作为抵押可能花费时间太长并且会给应该快速且成本较低的交易被迫带来高昂的法律成本。如果是这样，她可能被迫依靠其声誉进行借款。如果她在过去一直借债还钱，潜在的债权人可能得出结论，她很看重声誉，并因此可以给她一笔新的贷款。但是，如果她从未借过款，她可能要靠运气。理想而言，她本应已经作出信用来源的安排，当她启动业务时就可以使用，如从她的银行获得信用额度。不管贷款的来源是什么，如果她有一些抵押可以提供，她通常能够以较低的利率获得较多的借款，但前提是，相关的法律成本不是太高。为了获得较低的利率或更多的借款，她当然需要财产可以用作抵押，如公司资产或住宅。

因而抵押就意味着借款人有一些资源。她的资源——财富——是有价值的，不仅因为财富可以运用或者消费，而且因为财富能提供获得信用的途径。例如，家禽农场主的住宅不仅能提供遮风挡雨的地方，它也可以提供按揭。因此，拥有这样的有形资产对几乎任何人都是有吸引力的，因为它使得借款更为容易。

长期而言，人们可以假设，财富将以"高效"方式进行分配，因为有像家禽农场主那样的有才能并急切的企业主，省吃俭用积累起抵押品，足以能够借款，从而能够为他们自己的业务提供融资。随着业务有利可图，他们会获得资产，从而有助于使财富均匀分配。只要愿意承受一点"克己"的人都可以获得信用，财富的分配和金融体系自身最终看起来会一样，至少在我们想象的世界中是这样。

但是，在现实中，我们很少会观察到这样的趋同的情况。一个理由是，也许没有可能经营一种很小的业务，以至于可以靠企业主的储蓄提供资金，特别是如果企业主白手起家时更是这样。想一想我们想象中的那个想要开始送货业务的年轻人。他须弄到足够的钱——要么借款，要么储蓄——以便购买卡车。当然卡车本身可以用作抵押，但是，他可能仍无法获得贷款，如果他没有其他的财富，也还没有获得作为一个有信用的借款人的声誉，甚至在美国这样具有先进的金融体系的国家也是这样。[①] 没有贷款，事实上就可能要花费他如此长的时间来储蓄足够的钱买卡车，以至于他会决定不当创业者。

此外，在真实的世界中，金融产业很小而财富差别很大的社会常常从未逃脱不平等和金融脆弱的状态。拉美是一个很好的例子；那里的不平等比任

---

① Hoffmand 1979 年有这样的经历，当时，他研究生毕业，为第一份工作买了车。关于用这种问题（经济学家称作"不可分性"）说明不平等怎么可能永远不会自我纠正的简单例子，参见 Ray 1998，226–237。关于信贷约束可能行严重的更多参考资料和证据，参见 Aghion, Caroli, and Garcia-Penalosa 1999, 1624–28；Woodruff 2001。人们可能反对，让租赁市场兴起来解决这一问题，但是，它们常常运作很差，因为租赁人担心承租人会偷偷地损坏他们租到的任何东西或携出租物潜逃。在美国，没有信用卡或存款，你是不可能租到卡车或小汽车的，而在较穷的国家，常常很难租到农用牲畜。

何其他各大洲都要大，而大多数拉美国家从未设计好有助于其居民创业和积累财富的金融制度。与之相对照，足够幸运的社会能享受平等和先进的金融制度——西欧是一个好的例子——随着时间推移，通常会保持这两个优势。它们可能会得益于有较多的抵押贷款，更多的各种金融中介服务，以及整体上更多的信用。它们面对的唯一成本是，更大的易受危机冲击的脆弱性，因为它们依靠中介，而中介有时会倒闭。因而，如果金融市场要繁荣，不平等是要避免的一种极端。

3.2　关键群体：穷人、富人和中产阶级

要了解为什么不平等和金融脆弱性相伴而生，我们可以假设，在我们想象的贷款的世界中有三种参与者：穷人、富人以及我们称作中产阶级的群体。这些参与者可以是个人或企业。在我们的模型中，"中产阶级"这一标签绝不包含古典社会学的含义；与其他标签一样，它描述的只是我们的参与者拥有的财富的数量和资产的种类。这里，我们忽略其他的重要特征——如家族关系、政治联系，以及与某一行业和产业的关系——以便使事情简单化。

第一组，穷人，常常占人口的一半以上。他们没有财富和有形资产可以用作抵押。他们可能是发达国家的工人，他们唯一的"储蓄"就是他们拥有的政府主导的社会保险计划的权利，在危机时期，如果政府不能帮助他们，他们必须靠信用卡。或者，他们是欠发达国家的农民，他们在歉收年份向他们的地主借款。由于缺少抵押，穷人能够借款的唯一方式是通过其信誉。但他们很多人在生病、失业或遭受某些其他经济冲击时，需要借款使自己渡过难关。

第二组，中产阶级，除拥有比穷人多的人力资源（以技能和教育的形式存在）外，还拥有有形资产。今天，他们的队伍包括 Iowa 的农场主、地

方的生产商，以及住宅产权拥有者。① 类似的个人在过去属于中产阶级，正如早期现代的欧洲城市的商人和小规模储蓄者一样。在某些情况下，他们占人口的一半以上（正如 19 世纪法国和美国乡村的情况一样），而在其他情况下（19 世纪的巴黎，当今拉美的很多地方），他们不到人口的 1/5。不管比例大或小，中产阶级的很多成员都想实施一些需要金钱的项目，如开一个公司，或买一幢房子。他们需要的金额不会很大，但通常会超过他们靠自己的储蓄可以融资的金额。因此，这些中产阶级的参与者希望借款。其他人，反过来，会有储蓄需要进行投资。在这两种情况下，他们通常会求助于当地的资本市场，因为，涉及的金额不会大到有理由到国外或在其他遥远的市场上借款或投资。搜寻投资或找到成本不高的贷款人或可靠的金融中介的成本，相对交易的规模会显得如此高昂，以至于到其他地方去简直就是不经济的。因为它们取决于当地的资本市场，因此，中产阶级会非常关心这些市场的品质。

对当地资本市场的依赖促使很多中产阶级的投资者没有多元化，他们大多把储蓄投向住宅、开办的公司，以及当地的金融中介。很清楚，当地企业和当地银行的倒闭会成为他们主要的担心事项。②

中产阶级的借款人会有一些共同的特点。虽然他们可能运用声誉的信用来为他们的项目融资，但是，他们一般而言会求助于由抵押（或明或暗）支持的贷款。一个理由是，纯粹靠声誉的贷款通常金额太小，无法为其项目融资。例如，今天，信用卡债务通常是靠声誉的，因为，虽然信用卡公司可以上法庭来占有资产，它们通常依靠威胁削减未来的信用来让借款人还款。但是，信用卡的额度通常太小，无法让借款人买房或开办大多数的企业。不过，中产阶级的借款人拥有有形资产，可以作为抵押，而他们常常更喜欢保留他们声誉性的信用以备在经济冲击时使用。当他们借款时，他们的借款可

---

① 在 20 世纪，中产阶级也在增长，包含了为退休储蓄的工薪族，以及慢慢支取其积累财富的退休人员。

② 先进的资本市场会通过设立共同基金这样的金融工具，或 Shiller 2003 所讨论的那种保险市场，来减少风险。但是，在我们简单的模型或想象的世界中，这种工具尚不存在。这是为什么（我们后面会论证）中产阶级会支持金融创新的一个理由。

以用特定的资产——住宅按揭可以为企业提供启动资金——担保，或者可以用个人的全部财富来支持借款。

第三组，富人，拥有人力资本和比中产阶级多得多的有形资产。这些人在大多数金融历史或者富人和大型公司的榜单上留有位置。虽然他们从未超过人口的1%，但是，他们在拉美部分地区可能拥有整个经济体的物质商品的一半以上，他们在过去的社会中拥有的比例甚至更高。例如，在1911年至1913年期间，英国人口最富的1%拥有国家财富的69%。[①] 今天，在西方民主社会，他们拥有的要少一些。例如，1988年，在美国，所有家庭中最富的1%拥有国家净资产的34%左右——比20世纪70年代的占比要高。欧洲甚至更加平等，最富人口拥有资产的比例的范围从丹麦的25%到爱尔兰的10%不等。[②]

财富为富人打开了不向中产阶级开放的大门。富人开办企业或买房通常不需要借款，因为他们巨额的财富允许他们自掏腰包为其大多数的项目融资。他们的财富对他们参与的市场也有意义。富人不害怕搜寻国外或遥远市场的成本，因为这样做的成本相对他们要投资的巨大金额仍较小。因此，富人可以在多个市场分散其资产组合，并从多元化中获益。

因此，他们不怎么担心任何一个地方市场的短期业绩，需要的保险也较少。但是，如果国家不向穷人和中产阶级提供担保，他们会是提供担保的最理想的群体：他们要做的只是将资源从繁荣的市场转移到被危机压低的市场。这就是法国发生的情况，当时，像 La Rochefoucault 家族这样富裕的地主在1870年至1871年的农业危机期间允许其佃户拖欠地租。已占到期租金平均20%的欠款，1870年上升到76%，1871年为60%——实际上相当于该家族向佃户提供贷款。[③]

---

① 关于英国的不平等，参见 Lindert 2000，176–185。关于拉美富人实际拥有多少财富的准确证据几乎不存在，因为他们并不急切披露其财富的多少。但是，那里的收入分配比任何其他几大洲更加不平等，而对于土地所有权这一重要的资产，也是这样。此外，土地所有权的分布甚至比收入在拉美更加偏向富人；参见 Gasparini 2003。
② 参见 Davis and Shorrocks 2000，637–641；Kennickell 2000，table 5；Lindert 2000，181–192；Piketty，Postel-Vinay，and Rosenthal 2006。Davis and Shorrocks 数据中，法国最富的1%的人拥有26%的财富——比丹麦要高——但是，Piketty，Postal-Vinay，and Rosenthal 的研究得出的数字较小，为21%。
③ 这里的证据来自 Archives Departmentales de la Sarthe 1858–1871。

由于拥有巨额的财富，富人也有钱用定金聘用金融中介或雇用咨询公司，来改善投资的业绩。雇用此类专家的固定成本，相对其资产组合的规模，就会显得微不足道，因比，他们可以在金融中介服务上进行巨额投资。（固定成本是指不随交易的规模而上升的费用；这里，它们是指雇用，如一个全职银行家或投资咨询顾问，来管理资产组合的成本。）富人甚至不须接受所给定的金融机构；确实，他们可以达到这样的程度，如果他们认为值得，就可以开一家银行。

富裕的布朗家族在 18 世纪晚期，在 Rhode Island 的 Providence，正是采取了这一做法。在殖民时代已经作为商人成功后，他们想要在美国革命后转移至制造业。他们商业的成功给了他们足够的资金，足以为任何单个的制造项目，如纺织厂，提供融资。但是，他们的雄心远远超出了一家单独的企业。为了快速扩张，他们需要更多的资金。但是，在新的共和国范围内，银行几乎不存在。因此，布朗一家及其近亲，在 1791 年决定设立他们自己的银行，The Providence Bank。从社区里吸收资本和储蓄，该银行，至少一开始，将其大多数的资源投资于布朗家人及其关系人控制的非常成功的企业。①

成立一家银行并不是富人唯一的选择。他们可以发展与金融中介的特别关系，如果他们的财富确实庞大，他们甚至可以聘用全职金融从业人员。以 Orleans 家族为例，他们是国王的很亲近的亲戚，是 18 世纪法国最富裕的家族之一。Orleans 家族拥有大片的不动产，并附带拥有一条很大的运河。为了经营分布广泛的财产，他们聘用了很多的员工，包括全职的金融专家 Etienne de Sihouette，他后来负责政府的财政。但是，他们以优惠条件处理金融市场的能力并非到此为止，因为他们也是巴黎两家较大的贷款经纪商（公证公司）的主要客户。大多数巴黎的公证人须与多元化的客户打交道。这两家公证公司的成功归因于与富裕人群持续不断的业务；它们也得益于为 Orleans 家族的商业伙伴、政治盟友和艺术客户进行的工作。②

① 参见 Lamoreaux 1994。
② 参见 Bayard, Felix, and Hammon 2000；Hoffman, Postel-Vinay, and Rosenthal 2000。

对于 Orleans 家族的巨额财富，有一个最后的好处。当他们需要借款（如为满足临时现金需要，或进行地产开发而不必出售太多其他的资产）时，他们可以从很多种不同寻常的金融工具中进行选择。例如，考虑一下，Chartres 公爵、Orleans 家族头衔以及家庭财富的继承人的情况。他和他的妻子处于继承巨额财富的位子，但是，他预期有遗产而花费如此巨大，以至于他觉得他自己手头缺钱。因此，他决定开发他的家族在巴黎的一些房产，来提升其商业价值。他使他父亲 Orleans 公爵有信心把这一房产于 1780 年转让给他，结果是 The Palais Royal——一个金碧辉煌的柱廊建筑，在以后的几十年里成为巴黎的娱乐中心之一，有剧院、餐饮、赌博和色情服务，一应俱全。由于他缺乏资金，他必须借款，但是，为这一个 18 世纪的拉斯维加斯融资并不是通过信用贷款，甚至也不是通常的土地抵押的按揭贷款，这是大多数不动产开发融资的方式。相反，Chartres 选择出售年金的创新方式。年金是在政府养老金不存在时，一种通行（并且认为是成本较低）的融资的方式。他也向 Genoa 的银行家借款。在法国典型的贷款只有 841 里弗赫（livre）的时候，他调动了上千万里弗赫的资金。① 因为他出售了如此多的年金，他可以使自己避免这种可能性，即所有的购买者都会活到自然老，这是一种多元化的形式，这种形式是大多数其他的私人借款人无法获得的。此外，他运作的规模使固定成本减少到一个零头的程度，因而使他有可能运用其他的融资方式，如 Genoa 银行家的贷款。

今天，大企业会进行类似的行为。很多大企业——Berkshire Hathaway 和通用电气是理想的例子——有融资的部门、拥有庞大的现金储备、有能力利用多个市场。当新项目出现时，它们可以投入自己的资金，或转向资本市场。当它们借款时，它们的选择很多；它们可以出售可转让债券，以及其他复杂的合约，这些方式是较小的企业所无法获得的。从一个更为世俗的层面看，整个行业长期以来满足富裕的私人投资者的需要，有私人银行家为他们提供个性化的服务，前提是，他们须保持一百万美元以上的余额，中产阶级

---

① 参见 Berce，Boubli，and Folliot 1988；Chagniot 1988，266-268；Hoffman，Postel-Vinay，and Rosenthal 2000，156；Hoffman，Postel-Vinay，Rosenthal 2004。

一般而言是达不到标准的。①

3.3 抵押贷款和信用贷款

富人、穷人和中产阶级在信用市场上都有不同的表现。他们对信用不会有相同的需求，如果他们还会借款的话，他们不会进行相同种类的借款。他们借款的用途——具体而言，借款开办企业，或是在经济冲击到来时来保护自己。如果他们的目的是保护自己，借款就是一种保险。穷人对此类保险有巨大的需求，这种需求只有进行信用贷款才能满足，因为他们缺少抵押。中产阶级会比穷人较少寻求这种保险，因为他们有较多的有形资产，可以用作抵押，也可以提供一些保护和多元化资产。中产阶级因而可以进行信用贷款和抵押贷款，当他们想开办企业以及为投资融资时，他们会转向抵押市场。最后，虽然富人很明显可以在信用和抵押市场上借款，但他们开办企业不需要这样做。他们也不需要保险，因为他们有巨额的多元化的资产组合，可以在外国和遥远的市场中投资。那么整体上而言，只要经济冲击不大，不足以消灭中产阶级，使他们像穷人一样急需信用贷款，对信用市场上保险性质的贷款的需求就会随着财富的增加而减少。对抵押贷款的需求呈现不同的形态。除了穷人因为没有抵押外，抵押贷款在中产阶级中达到峰值，然后在富人中又会下降。

到目前为止，我们还没有问，什么样的财富可以用作抵押？我们确实知道，人力资本（例如，一个人作为厨师或会计的技能）不能为贷款担保。其他的资产，如不动产，可以担保，但是，它们作为抵押的有效性将取决于几个制度。

首先，必须有一个法律体系可以以低成本执行贷款合同和产权，并在借款人违约时赋予贷款人对抵押品的有效权利。对于动产（如牲畜、交通工具、大宗商品，以及大多数的制造业产品），做到这一点特别困难，因为借

---

① 最近，这种服务已经慢慢传递到高收入的专业人士的层面，特别是在美国。

款人可能常常偷偷拿走抵押品。但是，常常会有问题阻碍不动产对贷款提供担保。例如，对住宅按揭贷款实行抵押止赎的成本，在意大利要比在英国高得多。在很多发展中国家，情况甚至更糟。在越南和墨西哥，法律限制把土地用作抵押，而在喀麦隆，对土地设立产权要花费几年的时间。[①] 在巴西，贫民窟的居民对他们占据的住宅没有任何产权，这成为阻碍经验不足的企业主借款的障碍。正如他们中的一个人（一个出售玩具和学校必需品的寡妇）最近所解释的，"如果我可以获得那么一点信用，我就可以把我的店弄大一点，但是我没有办法做到这点，因为我没有什么东西可以被法律体系承认是有效的。"[②]

其次，也有必要有某些低成本的留置或按揭登记，可以记录一项资产是否已被抵押，并且，如果是，抵押给谁了。这类登记会使贷款人在决定进行贷款时较容易了解一项资产是否已彻底进行按揭抵押了。

最后，抵押品可以出售的市场。可以很容易进行清算的资产，比在交易不活跃的市场交易的财富，显然会更有吸引力。因而，抵押会取决于制度，制度本身是由现在的和过去的社会成员进行决策的结果。

尝试性的探究，会揭示财富的另一个特征，它会影响财富作为抵押的效用，即财富可以被切分的容易程度。人们可能假定，可切分纯粹是机械性的（毕竟，一辆为贷款担保的卡车是不能一分为二的），但是，事实上，这一点反映了很多法律约束和市场创新。例如，我们看一下法国的不动产。法国的土地可以分成法律上定义的一块块土地，一直到 19 世纪中叶，这一块块土地无法很容易地切分：每一块地，如建筑下方的一块地——须有一个单个的所有人。在农村，这一限制不会产生问题，因为有很多很小的、并不昂贵的一块块土地，农民可以很容易进行买卖和按揭。但是，在城市里，土地价值很高，这一块块土地很贵。在这种昂贵的土地上建造单个家庭的住宅是没法进行的，但是，较大建筑的占有人无法分享这一块块土地的所有权，正如美

---

① 参见 World Bank 2002，35-36，92-94；Rajan and Zingles 2003，31。抵押止赎的成本在意大利和英国是按住房价值的比例度量的。
② 参见 Rohter 2003。

国现代的共有住宅（condominium）一样。因此，拥有不动产对最富裕的城市居民以外的所有人是不可能的。其他的城市人租房，如果他们有储蓄，他们须获得土地或建筑以外的金融资产。结果，中产阶级城市居民不能从法国政府在 19 世纪为了设立按揭登记而支出的所有资金中获益，登记会促进将不动产用作抵押。虽然政府支出确实有助于农村的中产阶级，但在城市，支出只会有利于富人，因为只有他们拥有不动产。这种情况（不仅在法国，而且几乎也在其他所有地方）一直保持到 20 世纪，这时，法律和金融创新最终使多个所有人能拥有单个建筑。①

在不平等的社会，中产阶级规模很小，而穷人的队伍很庞大，更多的信用会用于保险而不是用于投资。对信用的需求的形态会由穷人的规模决定，因为富人不借款，而中产阶级数量又小。由于没有抵押，穷人将不得不转向声誉性的信用，以便借款。他们的借款不会用于投资（例如，开办企业），因为他们的人力资本太少，并会担心，如果经济冲击来临，此种借款会限制他们借款的金额。他们的担心并非不理性。毕竟，由于没有储蓄，他们在经济下行时会极其脆弱。因为他们在声誉性的市场中的借款是有限的，他们更喜欢储备他们拥有的不多的信用用于困难时期的保险。此外，借款用于投资甚至可能使贷款人（不管他是一个农村的高利贷者，还是一个当地的银行家，他们对迅速致富计划都表示怀疑）相信，他们不再为能够在困难时期借款担心，因而不再为维护其声誉费心。毕竟，如果穷人为投资而借款并获得成功，那么他们将不再需要保险，而如果他们为投资借款并失败，那么，他们将会负债累累，以至于他们将不能偿还声誉性的贷款。因此，为投资借款而玷污他们的声誉，这是很多穷人不敢冒险的事情，因为他们担心陷入困境，而在危机中又没有保险。

穷人将从富人那里获得保险，通常的方式是建立在这两个群体之间的现有纽带之上的。这种已有的联系，可能把地主和佃户，或者说是把大人物和他们的客户联系在一起，会提供声誉性信贷所需要的详细的信息——这种信

---

① 《共有权住宅法》（condominium law），在法国直到两次大战期间才制定，而在美国直到 20 世纪 50 年代才制定。

息有助于富裕的贷款人弄清楚，贫穷的借款人到底是真的穷，还是他促成了他自己的困境，以及他是否可能偿还贷款。[1]

虽然富人在我们的模型中没有借款，但是对不平等的社会的结果仍大体上是一样的，即使富人确实借一些款也是这样。只有形成制度来促进抵押贷款，情况才会变化。举个例子，像 Chartres 公爵这样的富裕的继承人因预期会继承遗产而想要借款。此类的制度的设计，在任何情况下都可能会很慢，因为没有中产阶级借款人来创造一个抵押贷款的市场。适当的制度可能最终仍会在不平等的社会中出现。例如，在 17 和 18 世纪的英国就是这样，尽管高度集中化的土地所有权促进了按揭信贷，使富裕的土地所有人可以依靠其不动产进行借款。在 17 世纪之前，法律使这些土地所有人很难把他们的地产用作抵押。他们至多可以用土地为 6 个月的贷款进行担保，但是，如果他们推迟一天还款，可能就会永远失去他们的地产，并仍需向贷款人支付贷款所欠的本金。但是，在 17 世纪，法律和金融习惯都开始变化，部分原因是，富裕的土地所有人在英国的内战中支持了失败的一方，寻求对土地进行按揭，以便支付罚款或重新购买被没收的地产。到 17 世纪末，富人频繁转向按揭，以便来管理他们的财务。[2]

在较平等的社会——换言之，富人和穷人队伍规模较小而中产阶级较为庞大的社会，会发生什么？总体上而言对信贷，更具体而言对抵押信贷的需求，会随着中产阶级人数的增加而增加。如果一切正常，并且没有制度障碍去限制贷款，那么，债务的总金额会更大，因为受到中产阶级青睐的抵押信贷，对于声誉性信贷，占据绝对优势。穷人仍继续需要保险，但是，当他们的人数萎缩时，对声誉性信贷的整体需求将会下降，而信贷的供应会更多地满足来自中产阶级的更大的抵押贷款的需求。如果富人不再为所有的抵押债务提供资金，那么，金融中介会出现，来调动中产阶级贷款人的储蓄，并把储蓄传递给在同一阶级中的借款人。同样，我们简化地描述假设，中介不会受制于制度性障碍。

---

① 关于过去和发展中国家的例子，参见 Hoffman 1996，69–71；Ray 1998，561–565。
② 参见 R. C. Allen 1992，102–104。关于法国类似贷款合约的制定，参见 Schnapper 1957。

北美和南美的金融发展历史，对比强烈。在美国，甚至在殖民时代，财富也是以较为平等的方式进行分配的，用土地作为抵押进行的按揭贷款到 18 世纪初很普遍。在拉美，极端不平等造成没有潜在的借款人用地产来为贷款担保。竞争性的银行业在美国也发展得较早，正如证券交易所一样。不同的制度当然发挥了作用——特别是，在美国宪法下的各州之间的竞争的可能性，促进了银行的设立。但是，有人说，极度的不平等，是最终的原因，甚至是制度变革的主要推进者。例如，有说服力的是，在墨西哥，直到 1884 年，按揭信贷立法才得以起草。此外，在拉美很多地方，银行体系没有出现，不能为中产阶级借款人和投资者服务；相反，在很长时期内，它仍是"富裕精英的储备。"①

如果我们比较拉美和西欧的财富的分散程度，就会发现类似的对比情况。欧洲这些相对平等的比例数字，很快使金融中介得到发展，以便促进按揭贷款，正如我们的模型所显示的一样。中介各地之间有所不同——它们可以是公证公司、信用合作社，或村镇银行——但是，突出的重点是，它们无处不在，与不平等的拉美形成鲜明的差异。②

西欧的中介调动了比拉美多得多的资金，用于中产阶级借款人的按揭贷款。两个例子可以说明这种巨大的差距——墨西哥的 Merida 和法国的 Limoges，在 1850 年，两者都有约 4 万人。在 Merida，每年只有 70 笔按揭贷款，而在 Limoges，数字要高出 20 倍：接近 1 400 笔。人们可能很想把这一差别归咎于 Limoges 较高的人均收入方面，但是，事实上，那里的平均贷款的规模却比 Merida 要小得多：不到 1 000 法郎，而 Merida 却达到 5 000 法郎。

在较大的城市，如里昂和里约热内卢，这种差别恰恰一样明显，在这些地方，1870 年，人口基本相当（里昂为 318 800 人，而里约热内卢为

① 参见 Engerman and Sokoloff 2002，80–82。
② 比较 Haber 1991；Banerjee, Besley, and Guinnane 1994；Hoffman, Postel-Vinay, and Rosenthal 2000。

228 743 人）。① 在里约热内卢，1870 年只安排了 400 笔贷款——相当于每 1 000居民有 1.75 笔。在里昂，大约在相同的时间（1865 年），数字却高出 4 倍：每 1 000 居民有 6.37 笔。同样，平均贷款规模在里昂比较小：9 094 法郎，而里约热内卢为 44 650 法郎。本质上，里约热内卢和 Merida 只有较小数量的大额贷款，这一结果正是人们对中产阶级弱小的拉美所预期的。在这种社会中，富人是唯一可以借款的，虽然我们的模型没有允许他们这么做，但是事实上，他们会偶尔借款。例如，在继承财富前为铺张的消费提供资金。他们数量较少但金额较大的负债，可能在 Merida 和里约热内卢，以及在任何其他没有庞大中产阶级的社会的信贷市场上占据主导地位。

在像巴西和墨西哥这样的地方，极端不平等的最险恶的影响是，它使支持繁荣的资本市场的制度设计变得很慢。由于用储蓄进行投资以及需要外部融资用于项目的人很少，信贷市场萎缩。而确实参与信贷市场的极少数人——基本上是富人——可以依靠个人信息来安排贷款。他们不需要金融中介，甚至如果他们需要，他们总是可以确保得到其他国家的专家的服务。在当地信贷市场上的中介将会发展很慢，特别是当富人寻求扼杀它们，以便限制它们在向穷人提供有利可图的保险性的贷款方面进行竞争时，更是这样。Merida 似乎正是经历了这样一个过程。波罗麻的生产，促进了那里 19 世纪 80 和 90 年代的繁荣，但是，当地的银行在十年以后才出现，远远没有引导经济的增长。

极端的不平等和数量较小的中产阶级因而是繁荣的金融市场的两个主要的障碍。这是为什么中产阶级的规模（和信息及政府债务水平一起）是塑造金融市场发展进程的三个因素之一的原因。很多社会科学家——特别是政治社会学家——将制度视为塑造社会结构的最终原因。但是，制度会发生变化，而这就是社会结构。这里，中产阶级的规模仅是影响制度的一个（而

---

① 参见 Merida：J. Levy 2004；Rio de Janeiro：Ryan；关于 Lyons and Limoges，数据来自我们对法国金融市场正在进行的研究。保留下来的证据可能略去了法国和拉美的一些非正式贷款，但是，由于法律的原因，遗漏在这两个地区都可能是不重要的。如果我们考虑债务余额的存量，欧洲借款人具有的优势甚至会更大，因为其贷款的平均期限是 5 年，而拉美相对应只有 1 年。

不是唯一一个）因素。[①]

因此，不平等以及中产阶级的规模会影响金融制度。但是，在这一简单事实的背后，隐藏着一个隐性成本。平等可能会培育金融发展，但是，它可能也会使社会容易受到金融危机的冲击。危机会发生，是因为负债比较高，特别是财富有限而没有多元化的人。换言之，就是我们的中产阶级的负债较高。当发生经济冲击时，它会打击大多数中产阶级的企业主。很多人不能还款而倒闭，正像 Iowa 的农场主一样。他们的债权人就会被拖下水。特别是，像 Hawkeye Bancorporation 这样的金融中介，它们被迫出售资产，并向其贷款人让出部分所有权。[②] 如果大量中介完蛋，结果就会是金融危机。平等和庞大的中产阶级的好处与这一风险是相伴而生的——这是金融市场好坏参半的又一种方式。

3.4　更为先进的金融交易

我们这一有三个群体的简单债务市场模型强调了抵押信贷而不是声誉性信贷。人们可能担心，重点放错了。话可以这样说，现代企业主，除了提供抵押外，还有很多融资的方式，从伙伴协议和无担保债务（与特定抵押无关的借款），到风险资本和公开股票发行。初看起来，所有这些机制似乎很像声誉性信贷，而与抵押信贷不同，至少像我们已定义的一样。

但是，这种与声誉性信贷的类似性更多是形式上的，而不是实际意义上的，而最后，很多这些更为先进的机制结果证明与我们模型中的抵押信贷类似。首先，大多数这样的机制是基于企业主和投资者之间不断的互动之上的，从这个意义上讲，它们实际上并不是声誉性的。例如，依靠风险资本的企业主很少会开办一系列的企业来建立起声誉。那些已这样做的少数人，Thomas Edison，很明显是个例外。大多数人会开办一个企业，因而重要的并

---

① 关于不平等怎样影响制度的又一个例子，参见 Engerman and Sokoloff 2001，2002。
② 参见 Flanery 1985；Greenhouse 1985；"Hawkeye Agrees on Debt Program" 1986；"Hawkeye Bank Sale" 1986。

不是他们的声誉，正如在声誉性信贷中的情况一样，因为他们不会在未来开办新的公司。确实，如果用任何的声誉拿来打赌，事实上，那是风险资本家的声誉，因为企业主可能担心他会偷走企业，而企业主防范的招数，来自风险资本家有兴趣维护他未来风险投资的声誉。

风险资本因而不是我们称为声誉性信贷的东西，在声誉性信贷中，借款人的声誉是至关重要的。此外，它实际上包含了抵押信贷的主要特征。风险资本家并不仅仅提供投资资金，承担风险的部分比债务合同中要大；他也对他提供资金的企业行使控制权。他在投资前仔细筛选企业主，然后逐步提供资金，他要监控企业主的进展，并在出现问题时介入，以提供咨询或对企业负起责任。这些步骤都是保护风险资本家防范不称职或不诚实企业主，以便有助于解决资本市场中熟悉的不对称信息的方法。但是，同时，企业主保留一部分所有权，他们所保留的股本也会有所帮助。事实上，股本所起的作用非常类似我们简单的债务市场中的抵押。如果企业主的企业成功了，它就提供了一份有价值的奖赏，但是，在抵押的例子中，如果企业主失败了，他们就会损失抵押。因而，对于那些与抵押有关联的人，他们的股本设立了类似的激励措施——这些激励措施，风险资本家只会欢迎，因为它们提高了成功的几率。

合伙制和股本融资整体上有相似的特征，因为所有权股份起到了抵押的作用。此外，对于任何这些融资的方法，企业主常常会投入一些他们的个人财富——从我们模型的意义上讲就是抵押。事实上可能是声誉性的一个资本来源，是无担保债务，但是，新开办企业的企业主只能有限地获得这种来源。除了有极其稳固的营业收入的已站稳脚跟的企业，融资通常要求对企业或企业主的资产进行抵押。

并不是说像风险资本或股本融资这样的创新不重要。[1] 它们都使融资的过程超出有形资产的范畴，因而使融资对于中产阶级的企业主更为容易，因为他们有充足的人力资本但只有有限的抵押。风险资本和合伙制可以提供启

---

[1]　接下来的内容参见 Rajan and Zingales 2003。

动融资。证券市场和新式合约可以提供有价值股本的未来前景。金融中介的所有这些进步会使中产阶级受益。但是，直接的好处不应被夸大，至少涉及大多数中产阶级的企业主的时候是这样。毕竟，准备首次股票发行的投资银行家和风险资本家将不会去帮助通常的小企业。相反，他们会使自己限制在大项目的范围内，特别是那些有巨大回报潜力的项目。例如，风险资本家寻求那些成长很快，足以使快速股票发行成为可能的企业，除了偶尔出现有良好前景的获得专利的生物学家，大多数企业主将要开办的企业，对于股票市场来讲都太小。富人可以直接自掏腰包来开办企业，因此，与富人不同，大多数中产阶级的企业主将只得依靠更为平常的资金来源，如商业银行。

金融创新发挥作用，也有利于中产阶级的投资者。股市、新的金融工具，以及共同基金的设立，都使投资者有可能多元化，从而减少资本的成本，这又进一步帮助了企业主。中产阶级的投资者特别赞成，因为他们的资产组合太小，无法多元化。中产阶级作为一个整体，将会支持金融中介服务的这些改进措施，正如在我们简单的模型中的情况一样，在该模型中，中产阶级很庞大，这种创新将会更有可能。我们的模型因而可以对复杂情况进行注解，但是，它所提供的远见在较为复杂和创新的世界中是成立的。不管我们关心的是抵押担保的信贷，还是更先进的交易，如果中产阶级人数不小，而且不平等也不很极端，那么，有意义的金融市场就会有一个更好的繁荣的机会。

3.5　冲击可能怎样损害中产阶级

平等带来的巨大好处不可避免地伴随着一些有害的风险。经济冲击可能在平等的社会中比在不平等的社会中对资本市场产生更大的损害。冲击可能以某种方式扭曲金融制度和财富分配，这种方式压缩了中产阶级，并随之压缩了对信贷和金融中介服务的需求。

想一想冲击会对收入分配（人们每年所挣的钱）和财富分配（人们累积的财产的总额）造成什么影响。正常情况下，收入不平等被认为在年景好的时期会增加而在年景不好的时期会减少。理由是，大多数收入来源于工资以及金融资产的收益，如利息收入。在年景不好时，来自金融资产的收入比工资下降得更多。因为富人严重依靠这类收入，他们的收入会严重受影响。与之相对照，中产阶级的收入，虽然从工资中获的比例大些，但他们确实从拥有的资产中也获得了一些收入。结果，他们的收入会比富人的收入下降得慢一些，从而缩小了这两个群体的收入之间的差距。但是，在年景好的时期，当富人发现他们的收入被金融资产的高收益提高的时候，相反的情况变为事实。因而，收入差距在好年景时期会扩大而在年景不好时会缩小。

但是，收入对于信贷市场来讲不是关键问题，至少根据我们的模型是这样。重要的是财富——特别是抵押财富。财富会有什么影响呢？

如果个人不能在他们当地的经济之外进行投资，社会上的财富不平等可能也会在年景好的时期增加而在年景不好时缩小。理由是，富人比穷人更愿意冒风险。因此，他们拥有更多的资产，如投机性的风险企业，其价值会起伏很大；与之相对照，中产阶级在资产组合中更多地持有较有保障的投资，如债券或住宅出租。当冲击发生时，富人会损失更多，缩小了他们和中产阶级之间财富的差距。尽管这种现象在冲击过去时会消失。

更有意义的是这种情况，富人不需要把他们所有的投资放在某一个地方。这是我们的模型预见到的情况——富人能够付得起在遥远的市场投资的固定成本：资本确实从世界的一个地方向另一个地方流动。这些流动主要是由富人的资本输出提供资金的。与之相对照，中产阶级常常会在离家较近的地方投资，他们深受这种母国倾向（home-country bias）之害。富人在海外投资的趋势，在世界上频频遭受危机打击的地方，甚至更为明显。

例如，在大多数拉美国家，海外的私人投资与外国债券的规模类似。[①]换言之，以对国家或对私人个人的贷款形式进入这些国家之一的每一美元，都似乎会有私人财富的另一美元流出而投资到海外了。这种外国投资的分布偏度很高，穷人很明显是根本没有的。至于中产阶级，其财富在长期是严格

---

① 有关拉美投资于美国的资金的金额的证据，参见 Sokoloff and Zolt 2004。

地属于地方的，尽管阿根廷的一些中产阶级储户确实通过在乌拉圭开立银行账户成功地使其资产组合有一点多元化，但大多数外国投资的固定成本简直显得太高了。

与之相对照，富人一直拥有空间上多元化的资产组合，资产组合的资源分散在不同地区和国家。例如，想象一下，18 世纪法国的贵族家族 The Bourre de Corberon。在该世纪中叶，该家族的族长是生活在巴黎的一个法庭官员，但是，他保留着该家族在 Burgundy 酒庄的地产。在巴黎，他向私人个人和国家贷款；他在 Burgundy 首府 Dijon 和一个靠近他的地产的小镇 Nuits-Saint-Georges 向私人当事人贷款。虽然表面上他与他在巴黎或 Dijon 的债务人没有什么个人关系，但是，他在 Nuits-Saint-Georges 的很多贷款是向他的佃户发放的。在 1770 年歉收之后，他向他们透支资金，使他们可以重新安排支付租金的期限——恰恰是那种只有富裕且很好地进行多元化的投资者才能提供的保险。[①]

现在来想象一下，在歉收之后 Nuits-Saint-Georges 的财富分配会发生什么变化。穷人发现，葡萄歉收压低了他们的收入，因为对他们的工作的需求更少了，虽然每天的工资没有下降，但是，工作的天数减少了。富人从当地的投资中得到的收入减少了，但是，对他们收入的影响很小，因为来自城市投资和未受歉收影响的地方的收入有抵消的作用。中产阶级忍受收入下降，中产阶级企业主面临偿还贷款和支付租金的问题。一些人不得不支取储蓄；小部分人可能甚至不得不出售一点土地。但是，虽然中产阶级的财富减少了，金额超过富人多元化的财富，但是，财富分配的长期变化仍会很小，因为在年景好的时候，整个过程会反转：中产阶级成员会增加储蓄并重新买入失去的财富；收入较高的穷人会进行储蓄，足以加入中产阶级，扩大其队伍。只要像歉收这样的冲击不是太大以至于使中产阶级的成员破产，不平等就不会有变化。

但是，大的冲击可能会威胁这种稳定。如果中产阶级的企业主再也不能

---

① 参见 Rosenthal 994。

支付租金或偿还贷款，资不抵债会迫使他们清算其企业。但是，谁能买入他们的土地、工具或牲畜呢？穷人肯定不能，而其他当地的中产阶级企业主也不可能是候选对象。中产阶级的投资者也会如此，因为他们的贷款会出现不良。因而，最有可能的购买者就是富人。他们的资产组合是多元化的，可能用巴黎或 Dijon 的资源以甩卖价买入资产。随着富人获得财产，不平等就会增加。如果冲击足够糟糕，中产阶级就可能会消失，但是，即使中产阶级不消失，其成员的抵押也会更少，因而借款也会更少。

这一模式并非是很远的过去的市场中所特有的，正如最近美国民主社会出现的一连串公司破产一样。每一个破产就像一个地方性的冲击：虽然冲击不大，不足以使整个经济瘫痪，但是，冲击的确伤害了公司的员工、管理层、债权人和股东。当然，很多股东，甚至中产阶级的股东都拥有很少的破产公司的股票：像共同基金这样的金融创新已将其资产多元化了。它们源于单个破产的损失很小，它们的命运因而与那些人，如 18 世纪 Nuits－Saint－Georges 中产阶级的投资者或企业主的命运很不一样。对于像较大的多元化的银行或者拥有很多客户的供应商这样的商业债权人，毫无疑问是同样的情况。但是，对于企业的员工和管理层，情况会不同。企业最穷的员工很可能储蓄很少以至于没有储蓄可以失去，但是，他们也可能会失业。对于处于中间的员工，情况甚至会更糟。如果，正如常常会发生的那样，他们通过在公司退休、买入公司股票或公司的股票期权计划，已在公司股票中投入大笔资金，那么他们不仅最后会失业，而且储蓄也可能会毁了。[①]

他们就是我们易受打击的中产阶级。企业的管理层是我们的富人。人们当然会发现公司倒闭时高管倾家荡产的例子——拥有在泡沫破裂前无法出售的股票，或是拒绝多元化来积累甚至更多财富的经理。但是，与中产阶级不同，大多数高管确实有一些多元化的机会。确实，即使他们无法出售所有公司的股票，他们通常还是会在价格崩盘前出售一些，因而使其持有的资产多元化。尚无人知晓他们在继续拥有的公司股票上到底损失多少，但是，对

---

① 参见 Bernstein 2002。

2001 年和 2002 年初美国最大 25 宗公司倒闭案的调查显示，企业的董事和高管也许能够拿走 33 亿美元的现金薪资、奖金、股票期权利得以及在其公司倒闭前股票出售的毛收入。虽然他们仍可能遭受因继续持有公司股票产生的巨额的绝对损失，但是，对于处于中间层次的员工，相对的损害可能要糟糕得多，这些员工失业并且损失了退休储蓄。例如，在安然，高管层的 9 位成员在公司倒闭前可能已获得了 8 亿美元。同时，约 24 000 名员工可能因为员工储蓄计划中有安然公司股票而平均每人损失 85 000 美元。①

危机可能对财富分配产生的严重的影响值得更加详细地考察，因为这是本章其余部分以及下一章论述的基础。应该说，危机对金融市场产生严重威胁，因为它们对中产阶级会产生长期损害。如果危机消灭了很多中产阶级，那么对金融中介服务的需求就会减少，资本市场可能要很长时间才能恢复。

根本的理由是，危机中，中产阶级一般会比富人损失更大比例的财富，因为富人通常会更加多元化。确实，因为富人拥有很多财富，他们会在当地经济中承受最大的绝对损失。但是，如果他们在地方经济以外拥有资产，那么当地的损失会被其他地方的收益抵消，当地的危机就不会显得这么重要。此外，如果当地的金融中介倒闭，他们可以接触资本市场的能力没有受到影响，因为他们能够支付搜寻和运用遥远的中介的固定成本。危机也可能使他们将资源转移到当地的经济中，正如在 Nuits-Saint-Georges 发生的情况一样。他们可能向穷人提供保险性信贷，并且因为危机会减少中产阶级的需求，当地方市场充斥着负债累累的中产阶级借款人卖出的抵押品时，他们将成为当然的买家。最终的结局可能是富人以极便宜的价格获得当地财富的控制权。他们在危机期间支付的价格和资产后来重新出售时较高的价格之间的差价，是穷人和中产阶级付出的成本，用于由富人提供的资本流入。如果富人在当地市场中没有竞争（不管是作为买家，还是作为保险和贷款的提供

---

① 参见 Tittle et al. v. Enron et al 2002；Bernstein 2002；Cheng 2002。人们关心的是在 1999 年至 2001 年三年期间管理层的收益，以及 2001 年 1 月和 2002 年 8 月前某个未确定的日期之间，公开上市公司的倒闭情况。他们没有考虑股票在买入时的成本，但是，在很多情况下，这一成本很小。进一步的细节，参见 Cheng 的文章。考虑到我们的论断，一些读者可能会问，为什么大萧条期间富人拥有的财富的份额是下降的。理由是，危机如此之大——是国际危机——多元化不再为富人提供任何保护。其他的读者可能会说，现代的证券市场会抑制管理层兑现其持有的股票。有关为什么当投资者有不同的看法时未必是这种情况的理论论述，参见 Bolton，Schneinkman，and Xiong 2003。

者），这一成本可能会很大。①

尽管危机可能为富人带来机会，但危机也会危及中产阶级，因为他们中的投资者不会那么多元化。他们的资产整体更有可能暴跌，而如果金融中介倒闭，他们还可能损失像银行账户这样的安全投资。

对于中产阶级的企业主威胁甚至会更大，他们可能是借款来启动项目的，并且已将他们自己的财富的很大一部分作为抵押投入到他们的企业中，以便使投资得到保证。如果他们的企业倒闭，他们会损失抵押，并沦落到穷人的行列中去。确实，他们会保留人力资本，并且他们可能已经从他们倒闭的经验中吸取教训。但是，他们将没有能力再开办企业——或者至少不能马上开办，因为他们再也不会拥有所需的抵押。

因而，危机有可能危害中产阶级的投资者，并减少中产阶级企业主的人数。但是，危机不会总是摧毁中产阶级，因为危机的影响可能因金融创新而减弱。首先，金融中介可以为中产阶级找到减少多元化成本的方法。例如，通过共同基金、有分支机构的银行，或跨地区的按揭贷款。它们也许能够创造新的保险形式，可以保护中产阶级防范地方性危机。② 政府也可以介入，宣布债务延迟，救助被击垮的中产阶级企业主或向中产阶级投资者进行偿付。不管是私人的还是公共的措施，当中产阶级很大足以产生巨大的需求，或足够强大而使得政治家们感兴趣时，这类创新就更有可能实施。

危机的结果既会带来灾难，也会刺激金融创新，这一结论很清楚会从19世纪和20世纪早期法国发生的事件中得出。虽然财富远没有公平地分配，但法国的确拥有庞大的中产阶级，他们也遭受到金融危机的打击。一些危机是由环境灾难引发的，如葡萄根瘤蚜，在19世纪70年代肆虐葡萄园，使土地所有权重新洗牌，击垮了农民和金融中介。其他的危机由一波一波的

---

① 危机期间资产的价格很低这一事实不一定意味着，严重的危机对于中产阶级会更糟。较大的危机意味着，会有较多的资产进行清算，因而，资产价格会较低。但是，随着经济的复苏，富人会从其资产组合中出售更多的资产，这时，价格也会较低，这种情况会有助于中产阶级的复苏。但是，陷入贫困的中产阶级成员需要花时间进行足够的储蓄以便重新进入资产市场，这一价格效应要与这一时间相平衡。考虑到我们所作的假设——特别是，有形资产是一整块或者说不可分的假设，这一时间可能很长。

② 不幸的是，中介并不能总是做到这点，部分原因是，对于这类保险所需的金融市场干脆就不存在，参见 Shiller 2003。

政治不稳定促发，造成破产泛滥以及金融中介倒闭。但是伴随着危机的所有的巨大危害，也激发起一些有利的制度创新。在危机产生之后，金融机构出现了，减少了中产阶级储蓄和借款的成本。储蓄银行使中产阶级成员有足够的积累去购买最少量的政府债券。保险公司帮助他们储蓄，减轻了死亡和兵役的后果。后来，政府设立了退休基金。虽然这些创新大多数满足了城市居民的要求，互助农业银行（The Credit Agricole）使农村的中产阶级可以接触到金融市场。①

法国所有这些创新的原因是，中产阶级很庞大，足以战胜危机并产生对新的金融制度和产品的强劲需求。但是，在拉美，那里中产阶级要小得多，对危机作出反应的历史呈现出非常不同的路径。例如，在 19 世纪晚期的墨西哥，设计的金融制度总是针对由非常富裕的人所控制的大型企业。在政治危机期间，政府可能为了统治精英的利益而操控银行的资源，但对受困的中产阶级成员则做得很少。在较为平静的时期，富裕的银行所有者将其信贷限制在他们自己拥有的臃肿的企业中，而结果只有很少部分的银行稀缺资源用于为中产阶级企业主融资。②

3.6 经济冲击和金融中介

危机对金融中介有什么影响？危机对它们的冲击又是怎样受不平等的影响的？很明显，危机可能伤害中介，因为危机表明，中介的很多咨询建议是没有价值的，因此，在危机后对它们的服务的需求减少。更糟的是，在危机中，很多中介可能破产，特别是如果它们已经用自己的资金进行冒险的话更是如此。替代性中介最终会出现，但是，它们的发展形态将会由不平等以及中产阶级的人数来重塑。如果中产阶级很少，并且如果危机进一步掏空银行，那么倒闭的中介可能无法取代，而金融体系将会凋敝。

---

① 参见 Gueslin 1985；Hoffman, Postel – Vinay, and Rosenthal 2000，229 – 272；Postel – Vinay 1998。
② 参见 Haber 1991；Maurer 2002；Maurer and Haber 2002；Haber, Razo, and Maurer 2003。

如果中产阶级很少的话，为什么就可能会没有倒闭中介的替代物，要了解原因，我们需要考虑中介自身为了开展业务需要承担的重要成本——收集有关市场参与者基本信息的成本。像投资者要进行海外投资时所面对的费用一样，这种成本也是固定成本，这种成本无法轻易地减少或分割，它会使个人或公司无法进入金融中介行业，除非中产阶级的需求足够强劲。

中介需要的信息，首先涉及贷款可能的收益以及借款人违约的几率。因此，它们要知道借款人现在已有或未来需要什么其他的借款；其他债权人是否在违约时有优先权；借款人在过去偿还贷款的速度；他们能提供什么抵押以及抵押是否背负其他按揭贷款；如果他碰巧是企业主，他的收入有多少以及他的项目成功的前景如何。中介也要知道有关投资者的信息——他们喜欢什么样的投资，他们要求什么样的风险和收益，甚至关于竞争对手的中介提供了什么产品的信息。

对一些贷款——例如，当美国通过拍卖国库券借款时——这一任务，至少现在，看起来似乎相当简单。因为国库券本身基本没有风险，因此，赎买国库券再返售的中介不需要花时间收集有关美国政府信用的信息。但是，中介仍要找到投资者来购买国库券——他们是政府最终的贷款人，并且他们在国库券拍卖进行竞价时要猜测其他中介的报价。

这掩盖了很多多年来不断成熟的制度和金融创新，从一个相信会偿还债务的受信任的政府，到成熟的拍卖和收集信息对国库券进行竞价的金融中介。同时，在其他金融市场中，信息收集要复杂得多。例如，信用卡贷款人要跟踪消费模式以便获得财务问题的信号。如果一个奢侈品的习惯性买家突然都是在折扣零售店付账，那么下一步就可能是不付账。

在按揭贷款市场，必要的信息还会有差异。这些信息包括产权的情况、抵押评估情况，以及借款人的信贷历史和经评价的财务报表。今天，这一过程常常由政府机构或私人中介进行了标准化，它们甚至可能会从银行和按揭贷款经纪商那里买入按揭贷款，将贷款组合在一起，然后将集合资产作为按揭支持证券在金融市场上出售。在这种情况下，由证券公司找到按揭支持证券的最终投资者，他们因证券的流动性和低风险而买入；银行和按揭贷款经纪商并不去搜寻这些信息。他们也免去了要自己来持有这些按揭贷款的麻烦，而在过去这种做法很普遍；因而，他们不再需要知道那么多有关在同一领域进行太多贷款的风险的信息。

但是几乎在所有信贷市场中，信息必须收集，甚至在提出某一交易的建议前进行收集。这不仅仅是承担贷出资金的成本以及利润的问题，因为赖账的人可能对任何的利率都表示同意，但是，如果他们违约，利润就会是零。在收集一些必要的信息时涉及的费用会与市场参与者的人数成比例地增长：例如，收集2 000人的信贷历史的费用，可能是200人的10倍。但是，在收集任何信贷历史前，要有人设计出评价的技术，设计（或改进）这些技术的成本大体是固定的。因为较大的市场可以较轻松地承担这些固定费用，因此，他们会享有更为先进的信息收集服务，以及更先进的中介服务。对于其他金融市场，这一点整体上都一样，尽管还有一项重大的注意事项：技术只能从一种融资方法部分地转移到另一种融资方法。评估股票投资要求的工具不同于评价债券的工具，而按揭贷款与信用卡债务不一样。如果一位创新的金融家创立了使一种金融中介服务例如，银行融资成为可能的技术，那么，银行信贷的市场就会扩张，但是，其他形式的中介服务，如股票融资，可能仍受到阻碍，因为银行信贷的市场总是具有规模优势。可能喜欢提供股票融资的潜在的中介，将会因为初期的固定成本受到吓阻而不这样做。股票市场将不会兴起，使银行家受到控制。这是为什么金融体系在各经济体之间如此不同的一个原因（当然还有其他的原因，如现有中介的反竞争的游说活动）。

每个单个的金融市场的规模对中介面对的成本有巨大的影响。这里，市场的规模反映了投资或借款的人数：换言之，中产阶级的人数。重要的是他们的绝对人数，而并非是他们对于富人和穷人的相对力量。中产阶级的成员是依靠金融中介的人，随着他们人数的增长，获得中介需要的信息的固定成本就会下降。同时，他们对于金融中介服务的需求也会增加，使中介服务对中产阶级变得更加具有吸引力。

中产阶级的相对规模和绝对规模是重要的因素。整体而言，绝对规模很可能造成差异。理想而言，中产阶级将会数量众多，并拥有较大部分的财富；在这种情况下，假设政府不是掠夺性的，并且所有的法律制度付诸实施，我们会预期有众多的低成本的中介为之服务。但是，如果中产阶级很少（按绝对数和按社会的比例而言），他们对中介的需求将会很少，中介将不能克服相对较为沉重的信息收集的固定成本。这些固定成本及需求不足可能抑制潜在的中介进入中介行业，而为中产阶级提供的融资将会遭殃。结果将是中产阶级的收缩。如果中产阶级按绝对人数很少，结果也一样，因为市场本身太小，中介无法进入。

因而，危机造成两种伤害：它们减少了中产阶级的人数，然后，一旦中介倒闭，危机就会减少通过中介之手提供的信贷供应。如果不平等很严重，那么，在危机后，中产阶级就不再庞大，无法使金融中介服务得以维系。新的中介不会出现，来取代在危机中消失的中介，而且涉及的固定成本太过高昂。没有新的中介，因危机而穷困的中产阶级成员很难借款或储蓄并进而重新获得中产阶级的地位。中产阶级就会保持小的规模，从一次危机中复苏的速度太慢，以至于无法避免在下一次危机中进一步变得虚弱。

这里，我们心里的资本市场是我们模型中的抵押市场。但是，同样，相同的论述将适用于股票市场和其他先进的金融交易。他们也需要信息，而对此类交易的需求将会来自中产阶级。要使此类市场繁荣，中产阶级要多庞大，既是绝对数量也是相对规模的问题。如果人口的99%受困于穷困，对于中介的需求将仍会过于虚弱，以至于中介服务无法生根、发展。另一方面，庞大的人口可能通过分散所有固定成本，使中介服务对于更庞大但仍相对较小的中产阶级变得可能。

3.7　经济冲击和声誉性信贷

我们模型中的另一种形式的信贷——声誉性信贷，情况又怎样呢？结果证明，危机提升了对这种融资的需求，因为这是富人在受困的经济中可以利用机会的一种方式。首先，他们可能买入那些受困的中产阶级成员出售的抵押品。富人也会向穷人提供声誉性贷款，以便作为保险，并且，他们会为觉得现金短缺的中产阶级成员做相同的事。每个进行这种贷款的贷款人将会打赌，借款人为了不冒声誉及未来信贷可获得性的风险而偿还贷款。下这样的赌注，贷款人必须拥有有关其借款人的相当多的信息。他必须确信，一旦经济复苏，借款人会努力工作，并且，他们至少最终将会有还本付息所需的收入。他也必须确定，他们没有其他声誉性信贷的资源，可能允许他们在未来投敌而向其他镇上的其他人借款。因而，声誉性信贷也需要对信息收集进行投资，正如抵押信贷一样。同样，这种投资要在开始放贷前到位。

声誉性贷款所需的信息将来自借款人和贷款人之间的关系，这些关系使贷款人可能进行评估，借款人是否可能违约。这种联系常常与信贷无关，至少一开始是这样。这就是为什么，在世界的各个不同的地方，我们会看到地主向他们自己的佃户（他们显然很了解）放贷，或者，批发商向小规模的生产商授信，或强大的政治家族向客户贷款。这样的关系要花时间才能建立，但一旦到位，它可使借款人用各种不同的方式还款：通过支付更高的租金，通过接受较低的产品价格，或通过提供政治服务。

因为声誉性信贷取决于不断进行着的关系，因此，借款人常常很难更换贷款人。因此，借款人要搬迁，换工作或开办企业，都会很犹豫，因为这样做会伤害他们与贷款人的关系，并使他们对信贷的可获得性处于危险之中。对于发展中国家的穷困的借款人，这一问题特别严重。甚至中产阶级的成员可能更喜欢保持现有的与声誉性贷款人的关系，如果他们担心，冲击会使当地抵押信贷遭灭顶之灾，那么声誉性信贷的可获得性可能阻碍抵押市场和更先进金融创新的发展。

声誉性信贷并不局限在欠发达经济体的范围内。在过去约半个世纪中，事实上，信用卡在美国和其他很多发达经济体内，提供了各种声誉性信贷。信用卡债务没有抵押担保，而信用的可获得性，至少部分由借款人的还款记录决定。信用历史显然是必要的，在美国，信用记录不是由信用卡公司而是由信用报告机构收集的。

至少在美国，可能有多张信用卡，因而，有多个贷款人，这与大多数传统的声誉性信贷形成鲜明的对照。但是，即使在这种情况下，信用卡持有人能做的事情也是有限制的：特别是，在失业后，他要获得一张新的信用卡并不容易，除非他很富有。在其他方面，信用卡债务与传统的声誉性信贷具有非常相像的地方。信用卡公司通常只会发一张卡，要再获得一张卡会很难，因为信用卡发行人拥有信息，并拒绝向竞争对手发布。

声誉性信贷一般而言对于抵押信贷和诸如股票融资会相形见绌。但是，声誉性信贷常常证明对危机更有抵御能力。在较大的危机中，抵押市场（还有其他先进的金融市场）会萎缩或崩盘，除声誉性信贷外不会留下什么产品。如果危机使中产阶级规模减小，这种情况就会发生。不平等就会上升，对金融中介服务和金融制度的需求会下降，危机后可能考虑开店的潜在的中介，会因需求减少以及服务较小中产阶级的固定成本上升而吓倒。在严重的情况下，中产阶级再也不会复苏，而建立在由来已久的社会关系上的老套的声誉性信贷可能成为保留的全部产品。

阿根廷最近可能令人不快地接近这种极端情况了。那里的危机，正如我们在第 1 章中所了解的一样，开始于 2001 年后期，当时，政府冻结银行账户，对其债务违约，然后使比索贬值，此前比索钉住美元。冻结和贬值毁灭了中产阶级，他们比富人的多元化程度低，放在国外的财富比较少。他们的储蓄没有放在外国银行，价值暴跌，报纸和无线广播讲述了很多故事，有倾家荡产的储户和企业主以及成千上万其他过去的中产阶级成员，他们沦落到在垃圾中找食物的境地。在布宜诺斯艾利斯，生活在穷困中的人口的数量从 2000 年 10 月的 20.8% 上升到 2002 年 10 月的 42.3%。[①]

贬值确实最终增加了对阿根廷出口的需求，但是，对国家的金融中介的伤害以及制度混乱仍是强健的经济复苏的主要障碍。情况很糟糕，以至于政府冻结银行账户并对银行拥有的债券违约。但是，政府成功地脱离了美元，这种脱离的方式使银行只有相对于其存款而言很微薄的贷款收入（通过运用不同的汇率把美元债务转换成比索——这种汇率使贷款比相同金额的存款

---

① 参见 Parker 2002；Sharrock 2002；Argentina Ministry of Economy and Production, Secretariat of Economic Policy 2006。

价值更低——实现的）。银行没有关闭，但是，它们停止放贷。按美元计量，在 2001 年末和 2003 年 2 月期间，银行信贷下跌了 72%，使想买车的消费者和企业主无法获得贷款。一些购物者甚至从超市转向街坊的百货店，因为当地的商店提供了我们会称为声誉性信贷的东西。① 这似乎像一个成熟的机会，银行可以扩张，新的金融中介可以进入中介行业，但是，萎缩的中产阶级以及持续的制度不稳定阻碍了整个复苏的过程。

教训似乎很清楚。收缩的中产阶级放慢了金融发展，而庞大的中产阶级则会相反。但是，正如我们应了解的一样，这并非是金融市场和不平等之间唯一的环节。

---

① 参见 J. Mitchell 2003；Thomson and Lapper 2003；"Argentina Macroeconomic Report" 2003a, 2003b；personal communication, Federic Echenique。

第 4 章

危机后会发生什么

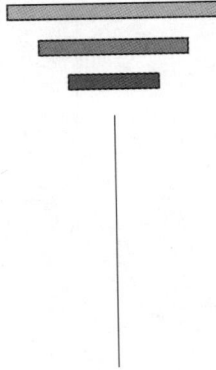

通常紧随金融危机的是变革，这种模式已经重复很多次：首先，市场萎缩，然后，改革者以及损失了金钱的每个人都强烈要求出现一些新事物。一方面，他们可能想要修订政府法规或改变政府在金融市场中的所作所为。我们习惯了资本市场上的那种公共干预；在美国最近的公司丑闻后通过的《萨班斯—奥克斯利法案》是较近期的例子。但是，变革也可能是一个纯粹私人的行为上的转变。例如，在 19 世纪 60 和 70 年代，纽约被金融恐慌和重要的公司丑闻震动。当政府没能采取行动时，投资者就自行采取新的行为规则。很多人将他们的资金投入他们熟悉的当地的公司或（如果他们足够富裕）把资金委托给有卓越声誉的银行家，如 J. P. Morgan。银行家坚持对他们承销其证券的公司实施相当多的控制；他们的控制和声誉反过来使投资者得到保证。结果产生的行为标准形成了 20 年里美国投资银行业的特征。[①]

有时，由危机引发的变革会发挥有利于金融市场的作用。例如，在大萧条时期美国所建立的存款保险体系和银行业监管体系，最终中止了长期折磨美国经济的银行的恐慌。但是，危机后的调整并非总是有利的，因为，尽管变革可以引入美妙的金融创新，它也可能仍会保护金融中介免受竞争或其自身无能的严重后果的伤害。事实上，变革常常会既带来好处也带来坏处。例如，大萧条时代设立了存款保险和银行业监管的同样的立法，也扼杀了竞争，竞争本来是有助于存款人、借款人、企业主和投资者的。[②]

但是，不管结果是好是坏，危机后提出的变革中只有一小部分会实施。危机使变革更有可能，但未必肯定要变革。当然，危机并非是金融制度变动的唯一时期。确实，在年景好的时期，市场扩张也会使市场发生变动。但是，危机确实增加了制度变革的机会，因为危机就如何管理风险教给我们了关键的教训。因为教训在紧接着危机之后是最生动的，正是这时候，它们对制度的影响才是最大的，以后危机会逐渐消退而变得无关紧要。

几个因素将决定危机是否会启动变革，如果有的话，有可能引入哪种变革？中产阶级的规模是一个因素，正如我们简单的信贷市场模型表明的一样，庞大的中产阶级创造出对创新金融服务和新制度的巨大需求，他们会防范过去发生过的那种危机。政治又是一个因素。与促发危机的经济冲击的规模一起，它们会告诉我们，以后到底可能出现大量的变革，还是只有一点点变革。它们也决定危机是否会带来可能破坏金融市场的那种变革（如没收财产或救助一个效率不高的借款人），或危机是否会带来可以改进市场的创新。

要理解危机怎样起作用，需要我们来看一看新制度的需求和供给，因为

---

① 参见 Carosso 1970，23-50；Davis and Gallman 2001，300-312。
② 做到这样的方式是，防止银行就提供给存款人的利率进行竞争，并使设立新银行变得更加困难。此外，商业银行再也不能与投资银行在承销业务上以这样的方式竞争，这种方式会有利于投资者和企业主。有关细节，参见 White 2000，765-767；Mahoney 2001；Rajan and Zingales 2003，220-224。存款保险也以较大、更加多元化的银行为代价对小型银行进行补贴；参见 Calomiris and White 1995。

危机带来的最重要的那种变革是制度变革。这里，我们关心的是制度变革的需求：来自穷人、富人和中产阶级的需求，他们是我们简单模型中的参与者；但是，还有来自政府官员和金融中介的需求，他们不仅是金融变革潜在的提供者而且也是变革需求的来源。所有这些需求是否转化成新的制度将会取决于政治，取决于中产阶级的规模，以及取决于带来危机的经济冲击。这三个因素互动的方式将会决定危机是否可能引发救助或财产没收，或者，是否会超出这类具有潜在危害的措施的范畴而产生实际上能提升市场的那种制度创新（当然，前提是不会因为有自我利益的当事人，如担心竞争的中介，而脱离轨道）。这种制度变革是使市场增长的东西。接下来的两章就会审视，这类创新的需求是否会通过私人机构的企业主或政府的行动得到满足。

结果证明，我们可以预测，什么样的条件，通过运用第 3 章中我们信贷市场的简单模型和政治经济学的原则，能培育对这种变革的需求。但是，单独靠政治经济学是不够的，因为危机后变革的过程是一个复杂的过程，在这一过程中，历史的偶然事件扮演了关键的角色。历史的偶然性可能产生巨大的长期后果。例如，过去的遗产可以在很多年里对政治实施控制，而一个危机后作出调整的制度，常常以一种无意识的方式，可以在几十年里约束未来的改革。因此，要理解金融市场的制度变革，我们须指明一条道路，把来自政治经济学的预测与长期的历史分析结合起来。如果要理解破坏性的危机有时会怎样促进有利的金融创新，我们就两个方面都需要。

4.1　制度变革

金融危机后的制度变革可以采取多种形式。首先，投资者、企业主和金融中介可以改变他们的行为，以便在未来的危机中保护自己。这样做的一个简单方式是把他们的投资多元化。当然，多元化对于中产阶级的企业主也许是不可能的，他们把他们拥有的几乎一切都投资到他们的企业中了，但是，这当然会对投资者，也对中介有吸引力，前提是，他们对未来冲击的可能损失很担心。投资者整体而言会对赚取高收益而避免风险感兴趣，但是，如果一项收益较低的投资，其行为方式与投资者资产组合中其他部分不同，投资者常常会愿意进行。这就是为什么投资者会把资金投入像黄金或不动产这样的东西，因为他们会减少亏损的风险。企业主可能努力做同样的事，卖出自己公司的股票，再把钱投入其他资产。

仅仅对投资资产组合进行多元化的重新安排（例如，通过出售股票和债券，以便买入更多的不动产）并不一定涉及任何的制度变革。但是，寻求多元化常常会刺激对新的金融工具的需求。金融中介随后可能会设立像共同基金这样的产品，它们会有助于小规模的投资者对其股票资产组合进行多元化，或者，它们会设计出不动产投资信托这类产品，方便投资地产。它们创造的共同基金、不动产投资信托，以及其他的新的金融工具，只是私人合约，但是，作为合约，并且是在那一点上的创新合约，它们就构成新的制度。

新的金融工具并非是当个人寻求保护自己、防范未来危机时产生的唯一的制度。例如，一个银行家，可能决心要花更多的时间来监控借款人。一个按揭贷款人可能拒绝在地产已暴跌的街区放贷。所有这些新的行为规则，都构成制度，这一切的目的，当然是为个人投资者和金融中介减少风险、增加收益。

到目前为止，除非要实施新的合约并裁决产生的争议，制度还没有涉及政府。但是，很清楚，政府自身可以设立新的制度。这样做的一个明显的方式是强制实施新的法规。这已经是 20 世纪 30 年代以来世界范围内政府越来越常见的反应：在萧条时期的美国、1997 年后的亚洲，以及最近一系列公司丑闻后的美国和欧洲。

危机后，政府有时超越不可能的法规的范畴，承担起借款人、贷款人或金融中介的角色。政府可能大量借款，这是政府长期以来一直做的。政府可能成为贷款人，向经济中的某个产业，如住宅或交通，输入投资。或者，政府可能提供金融服务，如养老金或失业保险，至少其中的一些服务可能由私人企业主以另一种方式提供。危机后政府的新角色可能涉及设立新的金融中介或甚至将市场的一部分进行国有化，因为政治回报高，或者因为危机已使得由私人参与者进行这些工作变得不可能。例如，在第二次世界大战使欧洲的银行资不抵债后，政府就把它们国有化，因为政治上很流行，也因为银行自身再也不能放贷或保护它们的客户的存款。最后，政府的新角色可能涉及放弃政府曾经承担的责任。例如，在第二次世界大战末将银行体系国有化后，法国政府从 1986 年开始又将其私有化。从金融市场的这种撤退事实上已成为 20 世纪 80 年代以来欧洲很多地方的标准做法。

但是，这里的问题，不是危机后由谁来提供新的金融制度。至少从本章而言，到底这个供应者是谁不重要，如，向工人出售保险帮助他们为退休进行储蓄的私人公司，或是别的方式，像德国总理 Bismarck 这样的政治领导人，在 19 世纪 80 年代创立了政府规定的工人社会保险体系。相反，我们关心的是危机后制度变革的需求，因为没有需求，就没有私人企业，也没有政治领导人会提供新的制度。

这里最大的问题是，变革的需求是否转变成新的制度，或者相反，是否转变方向，变为对救助或对没收财产的要求。这类措施是对金融危机的一个可以理解的反应，甚至在大多数资本主义的经济体中到底什么比帮助失败者或没收胜利者的不当所得更加自然呢？救助的政治压力可能是压倒一切的，特别是在民主社会。但是，长期而言，救助和没收财产可能造成相当大的危害。确实，并非总是这样做的：特别是，救助有时会有助于获得社会安宁，而救助可能是不得不付出的政治代价，以便形成新的正规制度。但是，救助和没收财产确实有可能造成危害。

例如，我们来看一看 20 世纪 90 年代日本发生的情况。当东京股票交易所和日本房地产市场在 20 世纪 80 年代暴涨的时候，日本很多的中型企业常用土地作为抵押从银行大量借款。但是，当泡沫在 1990 年破灭时，经济不景气，使很多借款人无法偿还贷款。银行自身就开始倒闭，因为它们的账上有很多的不良贷款，而抵押，特别是土地这时的价值暴跌。面对金融危机，日本政府启动了救助计划，有相当大的政治吸引力。它迫使较强健的银行帮助或接管较脆弱的银行，这是政府现在比在过去推动得更积极的传统做法，最终为资不抵债的银行提供了直接的资金注入。本质上，这种政策涉及从纳税人和较强健银行的所有人邮里拿钱，并把钱用于支持较脆弱的银行，以便这些银行不会关闭延迟还款的公司。政府的目的是，防止政治上不受欢迎的裁员，并保护有影响力的公司，正如在北海道的情况一样，在那里，政府提供资金，并施加影响，以便使较大的资不抵债的北海道拓殖银行（Hokkaido Takushoku Bank）被一家较小的银行接管，接管的方式保护了倒闭的当地雇主并挽救了政治上相关联的建筑公司。[①]

这种救助的问题是，它消除了创设制度的激励措施，制度可以解决问题，并且实际上可以改进金融市场。对救助的要求，这实际上在危机产生后果后是不可避免的，会与创新的要求相冲突，因为，如果政府有可能救助未来危机的受害者，那么就没有什么理由创设新的制度来防范危机，甚至没有理由运用已经建立的任何制度。总之，救助会破坏对制度创新的需求。

这绝不是一个理论问题。在日本，政府承诺救助银行和资不抵债的雇主，延误了对银行体系的改革，因而造成在整个 20 世纪 90 年代经济增长放慢。因为投资者可以预见，最终会不得不增加税收来为救助买单，所以他们就减少由他们提供资金的项目。同时，银行继续用更多的贷款来支持效率不高的公司，而银行在改进零售按揭贷款方面行动缓慢，这种贷款本来可以帮助中产阶级。[②]

危机后没收财产的后果可能一样的糟糕。没收胜利者的不当所得在危机后实际上是无法阻拦的，但是，长期而言，它会抑制储蓄人将资金进行投资，抑制企业主开办新的企业。毕竟，如果利润会被拿走，又为什么要冒风险呢？如果被没收的财产会用来帮助失败者，就同样会没有那么多的动力来创设可以防范未来危机的新制度。

4.2　谁会要求制度变革

有几种参与者可能会要求制度变革并创造出我们感兴趣的对金融创新的

---

① 参见 "Japanese Banks" 1998；"Japan's Long Winter" 1999；Dekel and Kletzer 2003；Desai 2003，70-85。
② 参见 "Japan's Long Winter" 1999；Dekel and Kletzer 2003；Desai 2003。

需求。中产阶级（正如我们金融市场的模型所表明的一样）是最佳候选人，但是，他们会与富人和穷人分享舞台，也会与政府和金融中介分享。如果金融中介成功幸免于危机，它们毫无疑问想引导制度变革的道路，因为新的金融制度会影响它们从事的行业。对于政府，应赋予它一个独立的角色，因为它的行动不仅仅会反映选民或居民的偏好。理由是，创设制度或干预金融市场会赋予政治领导人一种有吸引力的方式，来奖赏选民或吸引新的支持者。当 Bismarck 在 19 世纪 80 年代为工人创立社会保险体系时，这是他的动机之一。他的希望（最后是徒劳的希望）是将工人从社会主义那里骗走，并把他们吸引到他自己的体制中来。

如果，为简单起见，我们暂时抛开政府和金融中介，就考虑我们模型中的这三个群体——穷人、富人和中产阶级，我们可能很自然地问，他们中哪一个群体会希望创新？换言之，哪一个群体会创造出对有助于金融市场增长的新制度的需求？我们的模型以及政治经济模型是怎么说的？

因为穷人没有资产来为贷款担保，他们，正如我们知道的那样，会被排除在市场之外，市场要求为借款提供抵押。市场通过对他们的住宅进行按揭，使他们能够成为企业主。结果，他们又对这些市场中的创新没有兴趣，因为，不管有什么样的新制度，他们缺乏抵押，仍会使他们排除在外，至少作为借款人是这样。他们作为投资者参与抵押市场也没有可能，因为，由于没有什么人力资本和金融资产，他们的收入仍然很低，使他们无法以储蓄方式积累很多。结果是，他们不会创造出抵押市场中变革的需求，而该市场常常是为企业提供资金的关键市场。他们仍会依赖声誉性信贷，该种信贷总是有限的，而他们会支持与富人——声誉性市场上主要的贷款人，结成联盟，来确保声誉性信贷受到保护。正如我们应了解的一样，这一联盟可能削弱他们支持救助或没收财产的自然愿望，但是它也可能会对创新不利。

中产阶级对创新的需求又怎样呢？一方面，他们担心经济冲击，因为正如我们的模型所说明的，他们没有多元化的资产使他们易受影响。但他们有两种方式来保护自己。第一种方式是保险，或者，换言之，一种金融合约，像汽车保险一样，一旦发生灾难时，或者不管什么时候经济出现震荡，保险可以进行偿付。不幸的是，这种保险并非对所有冲击都存在，即使在发达经济体中也是如此。① 但是，有足够多这样的保险来保护中产阶级的成员防范很多灾难，至少在很多发达国家是这样。例如，他们可以从私人公司购买人身保险，他们通常有某种失业或伤残保险，常常是政府提供的。但是，为了防范众多的他们没有保险的冲击，中产阶级可以向那些被危机打压的人寻求紧急救助，如损失资金的投资者，或项目失败的企业主。

但是，中产阶级的成员会寻求更多的东西，不只是防范危机。他们也对几乎所有制度变革都有浓厚的兴趣，这些变革会推动金融市场，特别是当地市场的发展。正如我们知道的一样，他们将其储蓄投资于这类市场，并在市场中借款来开办企业、追求事业，并购置住宅或农场。如果危机使他们借款的成本很高或很困难，或者，如果危机对他们关于投资风险和收益的信息造成疑问，他们会很急切看到能向借款人和投资者提供保证的新制度实施到位。最起码，借款人想以较低的成本获得信贷；贷款人想得到较高的收益，加上防范风险和危机破坏性影响的保险。

第三组参与者，富人，结果证明，创造的对制度创新的需求相对很少。由于他们有较多的多元化的资产组合，他们对保险没有需要，因而也没有动力去设立制度来防范未来的危机。因为一个市场的崩盘通常可以被其他地方的获利抵消，所以他们简直可以渡过大多数危机。此外，如果他们想要一个不同的制度，他们常常可以在另外一个市场找到，或可以作出安排，将它包含在一份金融中介可以定制的私人合约中。这样做的固定成本将会吓阻其他的投资者，但是，这些固定成本相对于他们巨大的财富而言会变得微不足道。因而，他们比起中产阶级不那么依赖于可以广泛获得的创新。

但是，他们确实希望避免救助或财产没收，因为他们是最有可能被敲竹杠买单的人。从他们的角度看，增加这类措施的危险性，正是救助会对他们常常与穷人结成的联盟所造成的损害。由于穷人可以只向他们熟悉的富人——地主、雇主或当地的显贵借款，富人就可以运用贷款来建立客户

---

① 参见 Shiller 2003。

群，这种做法在发展中国家特别常见。但是，如果穷人能从危机后的救助中获益，声誉性贷款变得没有必要，穷人就会抛弃贷款及其伴随而来的客户关系。因此，就富人而言，救助（也包括财产没收，如果一些收益归穷人）的潜在威胁是双重的，因为他们冒着既要买单又要失去他们对客户控制的风险。

应当承认，富人可能关心庞大的全国金融市场的改进，但是，即使这样，他们将资源转移到国外的能力也会减弱他们对创新的愿望，当然前提是，要有国内所缺乏的制度的国外市场。显然，如果变革不可避免，他们将会寻求能减少他们的财产被占有或不得不在未来危机中支付救助的成本的可能性。他们也会避免投资于会威胁财产没收或进行救助的市场。

很清楚，这三个群体的规模及其政治影响力对于制度变革也很重要。如果富人拥有社会财富的份额较大，那么，中产阶级将会受到诱惑要去占有他们的财产或要他们为救助支付成本。富人将有能力保留其财富，前提是他们掌握权力，但是，如果是另外的情况，他们唯一能求助的是将其资产组合在地理上多元化或持有很难没收的资产。那可能意味着资产流动性很高，如可以轻松地汇往国外的支票账户的余额，也可能意味着相反的情况——一个庞大的农场，如果国家占有，它会发现很难经营。同时，中产阶级，如果规模庞大，将会在危机后产生巨大的对制度变革的需求，并且，如果中产阶级成为政治力量，创新，正如我们应了解的一样，甚至将会更有可能。

4.3 制度变革为何会发生

如果中产阶级希望制度变革，而富人只想避免为救助出钱或避免财产没收，那么，结果会是什么呢？在什么情况下新的制度会出现，而什么时候会进行救助或没收财产呢？很清楚，答案取决于中产阶级、富人以及穷人的相对政治力量，取决于他们作为选民的重要性，以及作为游说力量的有效性，也取决于直到现在我们一直忽略的政府和金融中介的目标。显然，整个过程可能很复杂，因为所有的政治力量都会涉及。政府当然会担心其借款和整合资源的能力，但是，政客们也会关心保留权力或再次被选上。金融中介会为竞争发愁，但是，它们自己游说的有效性各个企业会各不相同。

尽管如此，仍有一些一般的模式，不会取决于谁有政治权力或政治制度的具体结构。首先，对制度变革的需求会随着危机而有增减。这并不是说，危机是资本市场唯一创新的时刻。Bismark 的退休计划并不是在危机后提议或发布的，它们远不是与危机无关的唯一的创新。

但是，危机确实转变了力量的平衡，因此，它们有巨大的潜力，会从根本上改变制度，特别是，如果救助或财产没收的要求能够克服时更是如此。救助或财产没收的呼声在危机期间及紧跟其后的后果发生的时候是最响亮的。失业工人、没有得到偿付的债权人、倒闭的企业主以及资不抵债的金融中介会寻求这类的对策作为挽回其损失的方式。但是，随着时间推移，他们要求帮助的呼声会随着对新制度的要求更加强烈而渐趋平息。

对制度变革的要求会在危机后处于高峰而随后会消失的原因有很多。有一些原因是心理上的。实验已经表明，个人对财务损失是极其敏感的（比同样大小的盈利更为敏感），而危机一般会引起的那种不利情况（在长期一段时间的增长结束时突然发生的巨大的不利情况）可能看起来特别令人痛苦。它们甚至会影响那些根本没有遭受损失的人，因为当人们形成有关未来应采取行动的想法时，他们常常会利用最近的灾难。危机是这样的一种震撼事件，它会引起人们关注，甚至会引起人们夸大未来类似困境的几率；危机不会在多年以后当记忆不再清晰以及人们的关切消退的时候仍会有同样的紧迫性和影响。认识到这点，能提供新制度的政治和经济的开拓者会在他们提议政治变革的时候就表现出对危机不断滋生的担心。他们只是觉得，当危机还在新闻中出现的时候，推动新制度或在开展为获得新制度的运动时进行动员，会比较容易。并且，因为人们相互学习，一个人在危机后支持新制度的决定（如通过购买新的金融工具或参加政治运动）有可能说服其他人也参与进来。因此，只要危机仍是突出的事件，对制度变革的支持仍有可能会增强。[①]

对制度变革的需求也会受到不平等的影响，它会使财产没收或救助的要求更加强烈而使创新的要求减少。如果富人拥有社会财富的很大比例，就会有诱导政府对他们征税或甚至占有他们的财产然后再运用产生的收益支付救助的成本。在不平等的社会，这种策略会轻易分散中产阶级的注意力而偏离真正的创新制度变革。另一方面，如果一个社会比较提倡人人平等，它就会有一个更庞大的中产阶级，因而对创新的需求更大。但是，平等或不平等是否会有这些影响，最终取决于政治制度。

例如，想象一下，如果在民主社会里，选民只关心他们交多少税以及他们会从政府那里返还多少，会发生什么呢？在这样的民主社会里，如果政客提议对富人征税，以便使穷人和中产阶级解脱，她可能辩称，这些人在危机期间遭受了不成比例的损害，那么她就可能赢得选票。她的提议可能看起来不偏不倚，例如，它可能涉及征收每个人财富的固定比例，然后将它公平切分给每一个公民。这样的提议就是救助，但它可能很受欢迎。确实，它可能使富人变得穷困些，因为比起他们返还得到的，他们会支付得更多。但是，穷人会感到他们的状况有所改善，而他们并非单独如此。简单的计算表明，任何拥有平均财富以下的选民都会支持这种救助。可能会有很多这样的选民，因为财富的分布是不平均的，而大多数人会拥有平均水平以下的财富。唯一的问题是，要让所有这些人到投票站，因为较穷的人比富人投票的可能性要小。但是，如果不平等程度足够高，救助很受欢迎，想要再次选上的政客就会提出这样的提议。

当然，现实会更为复杂，因为关于救助或财产没收的想法，除了根据提议的计划会成为赢家或输家外，还受到其他问题的影响。[②] 但是，这一想象

---

① 关于相关的心理学文献及其对金融和政治的运用，参见 Noll and Krier 1990；Kahneman et al. 1993；Redelmeir and Kahnman 1996；Ariely, Kahneman, and Loewenstein 2000；Camerer 2001；Barberis and Thaler 2003；以及 Kuran and Sunstein 1999，后者中吸收了个人怎样相互学习各自行为的经济模型和心理学的内容。
② 参见 Lindert 1996，16–19；Persson and Tabellini 2000，121–123。

的例子提出的有远见的观点仍很重要：不平等程度高有可能在民主社会引起救助和财产占有。在不平等的社会，随着公民权的扩展，情况也是这样：如果不平等程度足够高，选举的人足够多，那么，救助或没收财产的提议也许会大行其道。

应当强调，类似的观点适用于政府支持的全民保险计划，如失业保险、对穷人进行援助，以及养老金，它们可能会出现在危机后的新制度中。这些计划提供了一种保险，通常会将税收收入从富有的人转移给较为不幸的人。对这种重新分配的支持在公民权扩展时更有可能，而在民主社会，当有资格的选民去投票时，对这类计划的总支出会上升。当穷人和中产阶级之间的差距缩小，而他们与富人之间的裂痕出现时，支出也会上升。在民主社会实际发生的情况要较为复杂，因为一切要取决于游说、政治党派、种族分裂以及中间选民——那些态度正好处于舆论中心的人，至少在结果会去投票的人中间是这样。如果选民认为，他们可能很容易成为下次经济冲击的受害者，他们会支持重新分配型的保险计划，这种计划会承诺提供保护，特别是如果它看起来会使像他们自己那样的人受益时更是如此。①

总之，民主不但会鼓励没收财产或救助的要求，还会推动政府重新分配，这些做法阻止了占有赢家的不当获利或帮助那些损失资金的人的要求。与救助和危机后财产没收不同，政府再分配有一个优势，就是，可以提前设立，而不仅仅是一旦发生危机才运用的"创可贴"。因此，它不会像救助或财产没收那样，在危机后抑制对制度变革的要求，虽然它有时仅仅是私人保险的一种替代品，但是，它似乎不会放慢经济增长，至少在富裕的民主社会是如此，这又一次与救助和财产没收形成对比。② 当中产阶级较为庞大，并且当中产阶级的成员将自己视为可能的受益者时，这样的再分配就特别有可能。因为中间选民就有可能成为中产阶级。随后，它就可能使中产阶级切断与财产没收和救助的关系，使他们自由地向政客和私人企业主寻求真正的创新。

与之相对照，如果政治体制是富豪统治社会，在这种社会里，财富比选

---

① 参见 Lindert 1996；Lindert 2004，chap. 7。
② 关于这里讨论的项目的种类没有放慢富裕的民主社会的增长的证据，参见 Lindert 2004。

票重要，富人最后会控制政府，政府就会阻止对富人征税或者财产没收和救助，以便来资助穷人和中产阶级。这样的体制也有可能阻碍设立将财富从富人向穷人重新分配的政府保险计划。因而，金融市场会自由而繁荣，因为不会有资产被占有的风险，而收入会被征税的风险变小，至少在和平时期是如此，除了战争的费用，政府不会大笔花钱为救助或重新分配提供资金。如果这些富豪统治的社会中碰巧拥有庞大的中产阶级，那么后者会产生对创新的需求。创新的制度可能会跟随而来，包括保险，但是，不管有什么样的保险，都极有可能会由私人提供而不是由政府补助，因为这样的措施需要向富人征税。因而，尽管有一些不同，人们可能想象，民主社会和富豪统治社会的金融市场并行发展，前提是，两者都没有程度太高的不平等，并且冲击仍很小。如果冲击过大，保险，不管是公共或是私人的，可能很会容易失败，使财产没收和救助更有吸引力，而在民主社会更有可能。

如果我们更严密地审视不平等和政治结构的互动，不同社会的差别会令人震撼。表4.1总结了理想方式下的预期模式，每一方格代表了一种政治体制和财富分配的组合。这里，平等由中产阶级的规模来衡量，是我们关于金融市场运作原理的模型中的关键指标。图表中的富豪统治社会，包括很多的政治体制，一些可能被认为是民主的，因为它们靠的是选举。但是，当特权只限制在只有最富有的1%的男性中的时候（正如1817—1830年的法国一样），或当贿选很普遍的时候（正如18世纪的英国或20世纪的墨西哥一样，当时，国家处于宪政革命党（PRI）的控制之下），"富豪统治社会"的标签似乎更为适当。它也适用于大多数独裁和专制社会。19世纪欧洲的国家整体上都是富豪统治社会，而我们把1945年以后的美国、加拿大和大多数西欧国家视为民主社会，每个国家都有庞大的中产阶级。在20世纪的发展中国家通常是民主但不平等的社会（如阿根廷或巴西），或者是富豪统治的不平等的社会（如在独裁者Mobutu统治下的扎伊尔，或20世纪70年代和80年代早期军队控制下的危地马拉）。

虽然表4.1中有四个方格，但是，只有三种可能的结果——如果你愿意，称为三种平衡。所谓"平衡"，是指穿越时代一直维持的政治制度、金

表4.1　　不平等和政治结构：对危机后金融市场和制度变革的影响

政治体制	庞大的中产阶级	规模较小的中产阶级
民主社会	金融市场 制度变革 有可能救助 有可能进行一些重新分配或财产没收	没有金融市场 没有制度变革 不可能救助 有可能进行重新分配或财产没收
富豪统治 社会	金融市场 制度变革 没有重新分配、救助或财产没收	金融市场很小 有可能进行一些制度变革 没有重新分配、救助或财产没收

　　注：这里以及下一章，重新分配是指政府计划（如福利或阶梯式税收），它们在危机前实施，并将税收收入从一类公民向另一类公民转移。与之相对照，救助和财产没收涉及危机后的行为，要么帮助输家，要么对未受伤害而崛起的人没收财产。政治体制（民主或富豪统治）独立于社会结构——这里指中产阶级的规模——即使民主和较小的中产阶级不可能长期共存。对我们而言，有三种社会阶级（富人、穷人和中产阶级），根据我们的定义，富人总是很少的少数派。因而，规模较小的中产阶级与很大数量的穷人相伴而生。富豪统治在这里指受政治精英控制的政府，正如很多独裁、专制以及将特权限制在富人范围的政体。

融市场、保险机构和平等的一种安排。只有三种平衡的理由是，不平等的民主社会（图表右上方中产阶级规模较小的社会）内在是不稳定的。在这种社会里，危机后占有财产或安排救助的压力是如此巨大，以至于富人会将其资产转移到国外，或发动政变来防止他们的财产损失。[①] 如果政变失败，紧跟着就会没收财产，使每个人都平等。不管怎样，要么不平等消失，要么国家变成富豪统治的社会。

　　这种不稳定的一个最好的例子是拉美，在那里，国家在过去的两个世纪中在这种混合体制下艰难前行。在独裁和民主之间轮换，拉美国家已经经历了频繁的金融危机，它们由庞大的资本外逃以及大量的劫富济贫行为引起，著名的一次由土改引起。从我们的观点看，土改应算作没收财产，但是，因

---

　　① 关于类似的论断，参见 Acemoglu and Robinson 2001。

为这样的措施会产生中产阶级并因而培育金融机构，它就成为即使进行财产没收也实际上会有好处的例子之一。但是，在拉美，土改整体上证明是没有效率的。不平等仍程度很高，金融创新很少，至少最近还是这样。部分原因是，富人在知道有可能没收财产后，要么破坏土改的努力，要么获得将其财富的重要部分转移至海外的途径。同时，规模较小的中产阶级也没有什么对制度变革的要求。

让我们现在来看一下其他方格的情况，每一个方格代表可以维持的一种平衡。最古老的一种是富豪统治的社会，具有不平等财富分配（表4.1中右下方）。从沙皇统治下的俄罗斯，到今天很多的发展中国家，这种体制有某些共同的特征。当地正规的金融市场很小，部分原因是中产阶级规模很小，部分原因是富人觉得将其对金融服务的要求转到其他地方比较有利。危机后没有救助和财产占有（之前也没有重新分配），因为富人可以阻止此类措施，并且，整体上，唯一的保险是以声誉性贷款的形式存在的，并将富人和穷人捆绑在一起。金融创新正常情况下是因为没有任何财产没收以及沉重的税收（至少在和平时期是这样——战争当然是另一回事）的威胁而受到鼓励，但是，不管有什么制度变革，都会受到中产阶级较小规模的限制。不管怎样，如果中产阶级的成员在政治上很有力量，或者其数量不断增长，那么一些制度变革可能仍会发生。

要找到有较大规模中产阶级的富豪统治社会的完美的例子并不容易，因为大多数富豪统治的社会都是不平等的。

18世纪的英国和19世纪的西欧作为一个整体，可以找到重要的例子。初看起来，涉及的这些国家可能与图表左下方的方格吻合很差，因为，虽然它们整体上是富豪统治的社会，但不平等的一些粗略的指标（特别是，归类为最富群体的比例为人口的20%）应将它们与拉美放在一档。这一指标的问题是，它得不出真正重要的东西——即中产阶级的绝对数量。首先，人口最富的20%中的很多人他们自己是中产阶级。更重要的是，我们这里模型的关键因素并非要那么关注富人拥有的收入（或甚至是财富）的占比。相反，应是中产阶级的绝对规模——其中的人数。按这一标准，欧洲与拉美不一样。

事实上，西欧甚至在工业化之前就有庞大的中产阶级，并且，在工业化期间，中产阶级不断增长，尽管富人积累了更多的财富。同样，这里的中产阶级是指拥有一些财富，并且比拉美的财富要多得多的人。西欧最重要的差别是，与拉美相比，农村里有很多人拥有一些土地。在英国，这一西欧最不平等的国家，1873 年，伦敦以外超过 4% 的户主拥有不动产；在法国，1850—1873 年，类似的数字要高得多，占人口的一半左右。在拉美，现在和过去土地所有权的数字很难获得，但是，同一时期可以得到的数字却要比西欧国家低得多。例如，在 1910 年墨西哥农村，农村户主中只有 2.4% 的人拥有土地。① 西欧庞大的中产阶级大量借款，以便为开办企业融资，他们也进行投资，创造出相当大的制度变革的需求。确实，尽管进行选举，中产阶级还是没有政治权力；富人在政府中占统治地位，直到 19 世纪晚期。同时，富人的政治权力使得没收财产和救助变得不可能，并防止政府对确实存在的资本市场进行掠夺——这些环境也鼓励了金融创新。

但是，18 世纪的英国和 19 世纪的欧洲，对制度变革也有一些限制。特别是，政府没有对失业或金融灾难提供什么保险，因为富豪统治社会排除了重新分配这种方式。甚至存款保险也不存在了，当金融危机发生时，中央银行整体上不干预。银行干脆就关闭了，企业也允许倒闭。虽然在 19 世纪的欧洲，富豪统治社会可以与金融创新共存，但它仍是政府很少在危机后介入资本市场以便设立保险制度或强制实施新法规（除了抑制对经济干预的流行的放任自由理念以外）的理由之一。

因而，至少在西欧，富人拥有的财富的高份额，被中产阶级不断增长的绝对规模以及减少了没收财产、救助和政府掠夺的威胁的政治体制所抵消。中产阶级已经很成熟，足以为私人企业主的金融创新创造出巨额的回报。此外，虽然政府拒绝在危机后设立保险制度或强制实施新法规，但政府还是设立了新的金融制度。从 17 世纪开始，英国再次发挥了带头作用。政府不仅使金融市场不受骚扰——我们知道，在 18 世纪，是很少见的——而且成为

① 我们这里的证据来自 Lindert 1980，table 3；Lindert 1983，table A3；Engerman and Sokoloff 2002，table 6，以及来自 Gilles Postel-Vinay 对法国的社会流动性正在进行的研究。

第一批设立集中的国债交易所的欧洲国家之一。这一集中的交易所反过来促进了私人制度变革，满足了国家的商人和中产阶级其他成员的需求。

西欧的平衡由于又一次发生危机而结束，这一次发生在第一次世界大战以后。战争标志着平等、选举权和税收历史的一个转折点。为了应对战争的巨额费用，欧洲国家不得不放弃金本位并印发钞票。结果是到处都出现严重的通胀，在欧洲中部更加糟糕——出现了一阵恶性通胀，在德国马克的价格上升超过1万亿倍。除英国以外，交战国中没有一个国家使其货币恢复到战前的价值，以便赔偿债权人的损失。因此，债券持有人损失很大，在中欧是毁灭性的。虽然一些中产阶级储蓄人毁灭了，而成功掌控实际资产的富人艰难过关，但是，净效用是，富人持有财富的比例减小了。在法国，下滑很快；在英国，较为缓慢。但是，最重要的是，欧洲的中产阶级幸存下来，并且不比战前规模小。①

累进制税收加速了战争中形成的收入和财富再分配，正如福利、养老金、医保和住房等社会计划的支出一样。大多数欧洲国家扩大了19世纪晚期或20世纪初期的公民权，部分原因是精英们担心出现社会动荡：公民权扩大有助于确保没有特权的公民（特别是工人）能分享"特权大饼"。扩大公民权范围也确保了政客会在下水道系统上扩大支出，这一系统是欧洲蓬勃发展的城市所亟需的。② 但是，战争仍是支持再分配的主要推动因素。尽管如此，累进制税收直到20世纪20年代和30年代才让人感到一点刺激，而再分配性质的社会支出的真正巨大的一步，直到甚至更晚的第二次世界大战以后才出现。按国内生产总值的比例而言，中西欧国家在社会计划上的支出为0.4%，与1910年差不多。到1920年，中欧国家在社会计划上的支出才上升到0.6%。到1930年，比例要高得多，达到1.2%，但是只是在战后，比例才出现爆发式增长，到1960年，比例达到11.0%。③

① 参见 Eichengreen 1992, 67–152; Lindert 2000; Morrison 2000, 249–251; Ferguson 2001, 148–151, 196–200; Piketty, Postel–Vinay, and Rosenthal 2006。
② 参见 Acemoglu and Robinson 2000; Lindert 2004; Lizzeri and Persico 2004。
③ 参见 Eichengreen 1992, 92; Mossisson 2000, 249–251; Lindert 2004, tables 1.1 and 1.2。这里关于社会支出的数据（摘自 Peter Lindert 专著的表 1.2）不包括用于教育的金额。

到那时为止，第四种平衡（表4.1中左上方格）在大多数发达国家流行。累进制税收减少了财富的不平等，而民主政府设立了社会保险计划，给予个人相当大的防范金融冲击的保护措施。虽然这些政策重新分配了财富，它们并没有阻碍经济增长或金融创新。为什么它们没有放慢增长或开创性金融制度的设立步伐呢？部分原因是，一些由税收提供资金的政府计划，教育也许是最好的例子为整个社会创造了很高的经济回报。部分原因是，政府调整税收政策的细节，避免减少投资的动力。例如，通过维持一种累进制的税收体系，削减对资本利得的税收。这里的动力，在很多国家可能是，担心如果经济增长不顺利就会选举失败。[①] 最后，由于中产阶级的成员是政府保险计划的主要受益人，他们可能把累进制税收当作他们不得不付出的代价，以便得到防范冲击的保护。这种保护又会相应地鼓励他们去冒险——如通过借款开办企业，或通过在股市对其储蓄进行投资。

根据表4.1，庞大的中产阶级明显是金融发展的一个主要动力。但要提醒我们自己的是，并非这个唯一的因素在起作用。信息和国债水平也发挥作用，正如政治体制的属性一样，它也是一种独立的力量。确实，在中产阶级的规模与政治体制之间存在脆弱的关系，因为民主不可能与规模较小的中产阶级长期共存。但是，政治体制对金融市场的影响超越了中产阶级的规模。此外，危机明显也会影响金融发展，要么通过破坏信息和损害中产阶级，要么通过促进好坏参半的制度变革。改革是否证明是有益的，在很大程度上，取决于政治体制和中产阶级的规模，正如表4.1中所显示的一样。但是，即使这点也不是历史的全部。

4.4　来自历史的关键信息

到目前为止，我们讲述的故事——一个建立在表4.1中的行为模式基础上的故事——适用于在过去两个世纪期间金融市场发生的很多事件。但是，

① 关于教育的收益、税收政策的调整，以及经济增长和社会项目总支出之间缺乏联系的内容，参见 Lindert 2004。关于政治家面对的采用促进经济增长政策的激励措施，参见 Kiewier 2001。

这个故事是不完整的。要全面把握危机期间及其后果发生后的情况——不管它们促发财产没收、救助、有益的创新，还是什么也没有，我们都要考虑历史的偶然性及其长期后果。

历史事件要产生持久的后果的主要方式是通过政府和金融中介的行为，我们的基本模型及表4.1对此作了注解。政府和金融中介可以引发危机或在其后果发生后产生对制度变革的需求。但是，它们也可以提供危机发生后其他人所要寻求的新的制度。由于制度变革将不可避免取决于政府（甚至当新制度由私人金融中介提供时，最起码，政府将不得不实施新的合约并对争议进行裁决），制度变革的整个过程将是一个政治过程，在这一过程中，偶然性将会发挥巨大的作用，不管政府是不是民主体制。历史事件可以打破或形成支持特定制度安排并维持很多年的政治联盟。其他的历史遗产可能使制度锁定在适当的位置。

例如，看一看1837年美国金融恐慌及其随后产生的经济下滑使九个州政府（阿肯色、伊利诺伊、印第安纳、路易斯安那、马里兰、密歇根、密西西比、宾夕法尼亚、即将取得州地位的佛罗里达领地）对其债务违约时发生的情况。[①] 从政治经济学的角度看，顺序可能看起来很简单：由于借款过多，用第1章的语言来讲，九个州都已偏向过于接近其危险区域，而经济下滑已把它们推向危险的边缘。随后，违约变得有吸引力，因为唯一的可选择方案，加税，在这些州会不受欢迎，在这些州，大多数纳税人（至少如果他们是白人男性时）可以选举。这些州没有一个州是人们在，如英国，发现的那种富豪统治社会，在那里，政府可以积欠巨额的债务（正如它在法国革命和拿破仑帝国的战争时期所做的一样），然后，为了偿还债券持有人，对很多没有选举权的穷人和中产阶级消费者加税。英国数量很小的债券持有人获益，正如在一种政体中所可能预期到的一样，在这种政体中，公民权有限，政府违约会是一种不能接受的没收财产的方式，这种方式占有国债所有权人的资金，再用它来救助纳税人。但是，在美国这九个州，情况不

---

① 参见 Grinnath, Wallis, and Sylla 1997；Sylla 2000，522–523；Wallis 2001。

同，即使它们尚没有普选权，它们仍非常接近于适用表 4.1 中平等民主社会的方格。这九个州的产权很普遍，公民权要比拿破仑战争后的英国广泛得多。那就难怪它们在 19 世纪 40 年代早期时会对其债务违约，而不像一个时代以前的英国那样。[①]

这个简单的政治经济学的故事，看起来非常适用图表，是有说服力的；尽管有吸引力，它仍是不全面的。首先，最重要的，它隐瞒了这些州为何借款的原因。它们积欠债务的原因是什么？很简单，原因是为了建造运河和道路，并投资于当地的银行，这些会推动新移民领土的经济发展。这种措施对很多中产阶级的选民——特别是农场主，他们构成了人口的大部分——是有吸引力的，也会吸引更多的新的定居者。因此，这些州有强有力的借款的政治理由，更有理由的是，地区竞争以及托马斯·杰弗逊（Thomas Jefferson）的治国理念使联邦政府不能为类似的努力进行融资。[②]

源自过去和历史偶然性的遗产也解释了违约为何在政治上如此有吸引力。购买大部分州债券的投资者碰巧生活在英国或在美国东海岸；他们大多数没有居住在对债务食言的州。因而，违约的负担由不选举的外部人承担。与之相对照，加税主要落在中产阶级农场主的身上，他们已在下滑前的繁荣时期将他们的土地进行了按揭。这可能很容易使他们破产，也可能把潜在的定居者搬到仍没有加税的州。[③] 毫不奇怪，管理州政府的政客选择对债券持有人采取强硬态度。

最后，也是最重要的是，政治经济学自身不能解释危机所推动的创新。19 世纪 40 年代早期这九个州的违约并不全然是一个灾难，因为，伴随着投资者的损失，它也促进了新制度的出现。违约确实使美国人很难在英国融资，但是，当像乔治·皮博迪（George Peabody）这样的有事业心的银行家帮助使这些州中的很多州恢复还款，它使州政府免于获得这种因掠夺性行为

[①]　关于有关九个国家中的一些国家的选择权的范围和不平等的程度，参见 Soltow 1975；Kousser 1984；Engerman and Sokoloff 2001。有关英国范围较窄的公民权和更多的不平等的证据，参见 Lindert 2000 and 2004，table 4.1。关于英国债券持有人受益于金本位的收益来抵补通胀损失的情况，参见 Ferguson 2001，194–200。
[②]　参见 Sylla 2000，520–521。
[③]　参见 Sylla 2000，522–523；Wallis 2001。

而产生的灾难性名声，这种名声本来会使州债券市场瘫痪；一路走来，皮博迪帮助造就了 Morgan 银行的声誉，它为美国银行的工业筹集资金。这里也很重要的一点是，各州采取的限制借款的措施——这些措施在修订州宪法的时候并没有取消。长期而言，使各州以这种方式进行自我限制改善了它们的信用，帮助保护了州债券市场。[①]

像一些其他危机一样，19 世纪 40 年代早期的州违约事件因而好坏参半。好的一面是，它促进了重要的创新——私人银行家的声誉以及对州债务的限制——对美国资本市场的发展产生持久的影响。人们可以说，这种创新在美国变得可能，是因为它有庞大且在政治上强有力的中产阶级，并快速接近表 4.1 中平等和民主方格的位置。但是，如果人们忽略历史，就会很难理解紧随这一危机发生的创新，州违约事件本身当然也是这样。

---

① 参见 Sylla 2000。

第 5 章

金融中介与改变需求

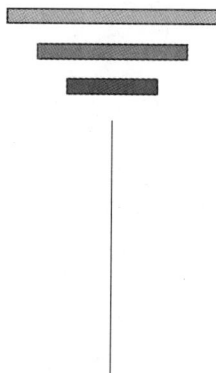

　　在金融危机后的一段时期内，公众会公开羞辱银行、经纪商和其他金融中介，并要它们对公众的损失负责。在 2000 年网络泡沫破灭后反对股票分析师和投资银行的呼声只是这种一般模式最近期的一个例子。但是，尽管针对金融中介进行谩骂和公开抱怨，事实仍然是，通过设立人们为了未来所寻求的新制度，它们实际上可以成为危机后好的力量。尽管中介有时可能会造成伤害，它们仍可以通过提供保险，解决不对称信息的问题，创造帮助投资者多元化的金融工具，以及安排企业主战胜经济冲击需要的贷款，来减少金融交易涉及的风险。历史表明，它们也可以促进经济增长。在现代早期的欧洲，银行家通过交易新型短期债券来推动商业的"车轮"。今天，风险资本家帮助科学家将其发现商业化。促进金融制度的设立推动了经济增长，正如证据显示的一样，这种促进是真实的，不仅仅是对已经在进行的进程的一种反应。①

什么样的环境会促使这些私人金融中介进行制度创新来帮助防范未来的危机并鼓励经济增长呢？答案是，正如金融市场中常常出现的情况一样，这涉及避免极端，但是，这也取决于政治，取决于危机本身的偶然结果，危机永远不能根除，不管中介有多么创新。政治经济学可以告诉我们，那些极端有可能抑制创新，但是，历史事件和持久的制度遗产也会发挥关键的作用。

5.1 避免极端

什么是阻碍金融创新的极端呢？找到答案的一种方式是，看一看像西欧这样的地区，在这里，中介几个世纪以来一直不断地设计新型金融工具并建立新制度，并不仅仅是现代早期的短期债券和股票交易所，而且还包括中世纪的远距离交易合约、18 世纪的人身保险和火灾险，以及 19 世纪开设分支机构并持有公司股票的银行。

西欧很多的创新发生在数量较少的城市金融中心：中世纪的威尼斯和 Genoa，16 和 17 世纪的安特卫普和阿姆斯特丹，以及 18 世纪和 19 世纪的伦敦、巴黎和柏林。今天也是这样，伦敦和纽约发挥着金融创造中心的角色。当然，在世界其他地方也有金融创新，例如，Grameen Bank，它使孟加拉的村民有可能在没有抵押的情况下借款。尽管如此，在这些主要城市的创新仍值得我们关注，因为它们已成为其他地方很多故事的范本。

所有这些城市的一个共同的特点是，其金融市场的规模：所有城市都是巨量的有价值的金融交易发生的地方，比邻近城镇要多得多。例如，在 1789 年的巴黎，每个人的贷款量是里昂或 Rouen 等其他规模较大的法国城市的六倍。这些金融中心的规模说明，对金融交易，特别是金融创新，规模经济是多么重要。新的金融制度代价高昂，在市场很广阔时，设立制度的成

---

① 参见 Demirguc-Kunt and Levine 2001。

本可以较为容易收回。例如，当新型贷款可以在很多借款人中传播，或者，换言之，当贷款市场很大时，创设新型贷款的法律成本将会较低。因而，每一个借款人的成本将会较低，提供贷款的银行家的回报就会较高。

但是，如果规模推动创新，那么，为什么所有的金融创新和所有的金融交易结果并不是集中在对其他城市占有优势的单一中心呢？换言之，为什么几个金融中心，今天的伦敦和纽约，或者，19 世纪的伦敦、巴黎和柏林，可以同时存在呢？

一个原因是，尽管较大的规模可以使法律成本和其他固定成本分散在更多的交易中，它也会使不对称信息的问题变得更糟，这些问题对于新的金融工具和其他创新而言特别严重。在某些时候，不值得尝试进一步扩大市场，因为要当事人相互足够了解成本会太高。

究竟处于什么规模取决于很多因素，包括技术状况。将来有一天，收集金融信息的成本可能下降足够的程度，以至于所有的金融交易都可以集中在单一一个电子化的市场。但是，这样的市场尚不存在，今天，正如过去一样，金融创新常常集中在大城市。在较小的城市，新制度的固定成本不能在足够多的交易中分散，也可能没有当事人愿意尝试新的东西。另一方面，如果市场太大，信息成本会显得太高，试图进一步扩大市场会引来灾难，正如 19 世纪前十年后期，美国东海岸和英国的投资者很难为美国西部的按揭贷款提供资金（我们过去发现是这样）一样。

极高的国债水平也会限制金融创新，第 1 章中列出的所有理由都成立，因为它提高了政府掠夺资本市场的几率。正如欧洲金融中心的历史表明的一样，中介可能干脆不去设计新的金融制度，如果它们或投资者受到政府的威胁。例如，一直到 17 世纪 90 年代，英国才停止实施强迫贷款，并且当自身成为较好的信用风险时，伦敦的中介才开始承销大量的新证券，城市的银行家们才开始在商人和贵族范围以外发放贷款。① 类似地，18 世纪的巴黎，直到法国政府停止操纵货币时，才见证了广泛的私人创新。当法国政府恢复在

---

① 参见 North and Weingast 1989；Quinn 2001；Temin and Woth 2004。

法国革命时期的货币干预时，曾经是最伟大金融创新地的巴黎，长期资本市场最后也崩盘了，花费了两代时间才得以复苏。

历史表明，相反的一个极端——政府拒绝借款，同样可能阻碍创新，很明显，这是中国的情况，在那里，正如我们所看到的，政府没能借款，放慢了银行和资本市场的发展。

中产阶级人数的极端情况也会阻碍创新。我们知道，庞大的中产阶级会创造出对金融创新的需求，而这一需求会反过来引发私人中介设计新的金融制度。与之相对照，规模极小的中产阶级将使它们没有动力这样做。历史也有一样的看法，对于欧洲所有历史上的金融中心——从中世纪的威尼斯和Genoa 到 19 世纪初期的柏林、巴黎和伦敦，服务的是规模庞大的一群客户，我们会称之为中产阶级，当然，对于今天的纽约和伦敦，也是同样的情况。

从这一分析中，人们可能得出结论，中产阶级规模如此之大以至于在没有富人的社会中创新会最多。例如，一个完全平等的农民组成的社会，每个人都拥有完全相同金额的财产因而属于中产阶级；或者一个中层主管的社会，每个人都拥有相同的住宅和相同的共同基金的资产组合。在那里，创新会达到最佳状态吗？

答案是，不会。虽然庞大的中产阶级会创造出对创新的巨大需求，但其成员既不会提供新的金融工具和制度，也不会提供最初的投资者来测试。理由是，他们从新制度中所获得的利益份额也会很小，并且，如果新的工具和制度一开始产生较高的固定成本，那么，这一成本相对他们借款或投资的金额会显得太高。与之相对照，富人可以轻松地承担这些固定成本，这些成本相对其资产组合会很小；确实，他们可以轻松地出得起钱，让中介设计定制的工具或合约，来代替范围较广的制度创新。一旦设立新的工具或一个新的定制合约，替代它（特别是像法律费用这样的成本）的成本就有可能下降，创新对于中产阶级就会变得承担得起。

因此，即使多元化和在其他地方投资的能力使富人不会产生很多需求，他们也会帮助提供金融创新。他们将成为开拓型的投资者，并且，因为他们已将其资产组合多元化，他们常常会愿意承担新的未知的风险，这些风险一开始就会吓跑大多数中产阶级的投资者。这一模式在过去的金融中心很流行，而它在今天的资本市场中会继续成立。

当中产阶级很庞大而政府不提供像保险这样的金融产品时，富人可以发挥特别重要的作用。我们知道，中产阶级的成员希望通过保险来保护他们的资产以防范灾难，而如果政府不提供保险，正如 19 世纪欧洲富豪统治社会中的情况一样，富人就可以填补空白，帮助金融中介满足这一需求。他们会承担风险，但是，随着新的制度的设立，中产阶级投资者自身将会承担越来越多的风险。

这是 19 世纪的巴黎较早的保险公司发生的情况，它们向中产阶级保单持有人提供人身保险以及针对火灾、船只失事、歉收或兵役产生的风险。法律上而言，这些公司要有资本储备来应对意料之外的损失。公司通过发行次级股本来筹集储备资本，即除了发行可以很容易进行交易并用来筹集流动资本的一级股票以外，它们创造了次级股票，没有公司董事会同意不能进行交易。这些次级股票的面值是一级股票的 10 倍，但是，与一级股票相对照，购买人在买入股票时不必拿出这一大笔金额。相反，他们要时刻准备在必要时为公司的储备资金出资。作为承担这一风险的回报，他们赚取丰厚的年度红利，即使他们几十年来没有向公司进行货币出资。①

这种安排事实上仍在使用——用于伦敦的劳埃德所经营的保险辛迪加，以及在保险公司出售的用来保护他们自身免受地震、暴风雨和飓风造成的巨额损害的灾难债券。灾难债券的购买人，在保险公司遭遇灾难性损失时会失去本金，但是如果没有损失，他们就会赚取很高的回报，并且，可以使他们的资产组合多元化。类似地，风险资本家常常从数量较少的富裕投资者那里筹集巨额资金。投资者承担新创业公司的风险，虽然很多新公司不可避免倒闭，但是，的确成功的少数公司在股票出售给公众时就会赚取巨额回报。

因而，私人金融创新在极端情况下会遭殃，不管是市场规模、国债，还是中产阶级的规模，出现极端情况都会遭殃。例如，规模较大的中产阶级会

① 参见 Lefebvre-Teillard 1985，180–181。

刺激创新，但是，如果规模庞大以至于没有富人，就不会这样，因为富人帮助提供金融创新，特别是当政府不干预时更是如此。类似地，如果市场很大，足以分散创立新的金融制度的成本，但尚未庞大到足以使不对称信息的问题抬头的地步，就会有所帮助。

5.2　金融创新的其他要求

如果私人金融中介要创立金融制度，其他条件就必须成立。这些条件中有一些是会随着历史事件而转变的或有因素，并不仅仅是关于政治经济学的原则的。

最起码，中介要能够获得利润，因为，不然的话，它们将没有理由花费时间来设立新的金融制度。有时，这些利润可能巨大，但是，可能还会比中介的创新的价值逊色（当然，如果发生危机，公众很快会把这些利润视为不当所得）。

Michael Milken，创立了高收益、高风险的公司债券，现在称为"垃圾债券"，倒是一个例子。Milken 被视为 20 世纪 80 年代的金融极端的典型。毕竟，他要对六宗重罪认罪。更为理性、冷静的分析表明，垃圾债券市场是一个不同凡响的发明。垃圾债券为很多本来没有能力为扩张融资的中型企业提供了扩张的资金，从而使资本流向经济中具有生产力的行业。这些企业很多为消费者提供了低价格或新产品，它们很多（例如 MCI 和 CNN）都成长为大公司。①

垃圾债券也使公司收购成为可能，因为像 Carl Icahn 和 T. Boone Pickens 这样的公司蓄意收购者，运用债券来为公司收购融资。收购确实使人们付出了失业的代价，有时也牺牲了一部分的养老金，但是，当收购成功时，也会驱逐做出灾难性商业决策并大量浪费公司收入的经营者。它们帮助过分扩张

① 关于本段落及以下段落，参见 Bruck 1988；"Milken Saw Chances and He Took Them" 1989；Ippolito and James 1992；Fischel 1995，1-28，309-310；Freedland 1995；Holmstrom and Kaplan 2001；Rajan and Zingales 2003，59-63，71-73。

的企业，如 Beatrice Companies，缩小规模，达到效率更高的规模。收购的威胁常常足以迫使管理层经营更有效，正如所发生的一样，例如，Pickens 尝试收购石油公司 Unocal 失败后的情况就是这样。整体而言，收购迫使公司更专心于股东价值，至少在一些例子中，它们拯救了那些不缩小规模本来无法在竞争中生存下来的企业。股东的境况明显更好了，证据表明，他们的收益并不总是仅仅是来自员工所隐藏的利益的转让。

Milken 的垃圾债券使很多这种业务变得可能，而他创造的创新市场的灵感，来自他关于投资者会夸大拥有这种低品级公司债券的风险的想法。他确信，如果投资者能汇集这些垃圾债券的较大的资产组合，他们会以相对较低的风险赚取高收益，因为即使每一单个债券有风险，多元化也会保护他们。问题是，投资者无法轻易地将这样的资产组合捆绑在一起。大多数投资者回避债券，部分原因是，它们很难出售（按金融专业述评而言，它们"流动性很差"。）。因为需求有限，供应也就很小，使任何人想要汇集多元化的资产组合甚至变得更加困难。

如果以某种方式可以引导更多的公司发行这种债券，投资者会觉得比较容易多元化，更有动力持有垃圾债券。随着更多的投资者买入债券，债券会更容易交易，而增长的需求和更高的流动性又会反过来使收益率下降并带来甚至更多的供应。总之，如果可以劝说更多的公司发行垃圾债券，并确信投资者会买入债券，那么就会创造一个全新的市场。

Milken 相信，他可以做，并一路引领，为他的公司 Drexel Burnham Lambert 赚取高收益。他努力让公司蓄意收购者和企业主采用垃圾债券来融资，而同时劝说货币经理为其资产组合买入垃圾债券。一开始，要为资产组合经理提供很慷慨的条件，他们才会买入垃圾债券，而 Milken 亲身参与非常重要，因为他要使经理们确信，发行债券的公司并没有迂腐的债券评级机构所宣称的那么高风险。随着时间推移和市场扩大，交易这些债券并汇集多元化的资产组合变得更加容易。Drexel Burnham Lambert 发了财，而 Milken 自己在 1983 年和 1987 年之间赚了约 11 亿美元。一些利润来自 Drexel Burnham Lambert 暂时在垃圾债券市场的绝对优势，但即使如此，他的财富大部分仍来自创新的回报。①

公开、竞争的金融市场是刺激私人金融创新的另一个条件。如果市场是竞争性的，中介就不能建立起卡特尔，或相互勾结。如果市场是公开的，新的中介可以随时带着新产品或更好的价格进入市场；在其他情况下，投资者或企业主可以轻易地到其他地方寻求更有吸引力的交易。竞争和公开会消灭那些不能进行创新的中介，并为创新的中介带来回报。市场也会使中介无法利用投资者、借款人或企业主。

但是，竞争和公开很难培育并维持，它们取决于历史事件和政治，这是一种使金融创新变得不可捉摸和偶然过程的组合。有时，金融市场的信息问题会给予一小群中介偶然的优势（正如我们在第 2 章发现的一样，像 J. P. Morgan 这样的投资银行在 19 世纪晚期的纽约就有这一优势），使它们能够近乎于实行垄断。② 因为中介常常是高效的游说者，因此，它们可以干脆让政府关闭市场或限制竞争。

尽管有这些障碍，历史上大多数重要的金融中心确实成功地使其金融市场公开或有竞争性。因而，在安特卫普和阿姆斯特丹，如果商人对银行家不满意，他们可以将其业务转向当地的竞争对手，或甚至可以想象，转向邻近城市的银行家。类似地，伦敦对外国资本是开放的，但是，因为担心客户会流失到对手那里，18 世纪巴黎的主要金融中介不能乘机利用它们的客户。确实，纽约的投资银行总是相对较少，有时，它们可能倾向于相互勾结。但是，对大银行的政治敌对态度使华尔街的公司无法变得太过强大，对拥有新点子的新手们的大门从来没有完全封闭。Milken 事实上正是他们中的一员。他和 Drexel Burnham Lambert 兴旺起来，正是因为站稳脚跟的投资银行不会使用垃圾债券来为收购融资，因为担心会疏远客户，所以这些客户的公司可能碰巧是公司收购者的"目标"。③ 应当承认，虽然 Milken 确实获得了对垃

---

① Milken 和 Drexel Burnham Lambert 毫无疑问寻求保护他们在垃圾债券市场获得的主导地位。不管人们对这样的行为怎么想，都不能贬低他们金融创新的意义。
② 当中介创立一种新制度时，它会获得暂时的垄断地位，使它走在竞争者的前面。产生的利润的暂时跃升是创新的动力所在，在某种条件下，有竞争就带来更大的跃升。参见 Aghion et al. 2001。
③ 参见 Fischel 1995，23−28。

圾债券市场的准垄断地位，但那只是暂时的。

但是，如果私人中介要设立新的金融制度，就应实施第三个条件：政府的支持，这一条件甚至很有可能比竞争更加重要。仅仅不让政府掠夺金融市场，对于私人创新而言，很多情况下是不够的。政府也可以做好事，如果要使创新发生，它们常常要向中介伸出手帮一下忙。但是，因为政府的帮助不可避免地引入政治，还是会对金融创新的进程增加更多偶然性的成分。

政府支持从对产权、合约的执行以及争议的裁决的基本保护开始。确实，当个人不能就解决方案达成协议，或当中介不能获得他们设计的制度的好处时，国家常常要介入，并强制实施法规。有时，国家是防范最大规模冲击的唯一一种保险的来源。没有这种私人供应商通常不能提供的保险，要创立金融工具和其他新的制度是很困难的。

最起码，政府要介入，因为金融创新所需的庞大市场的特点是，互相不熟悉的个人之间要进行大量的交易。因此，让国家执行合约及其产权，他们的日子就会好过，因为有这么多相对匿名的人参与，就很难让他们对相互的行为形成预期，并由他们自己对不规范行为进行惩罚。没有国家执行——这是我们称为正规制度的基本特征——金融交易当然能继续，但是，市场就会限于在可以相互监督各自行为的那些人之间进行交易；这种情况会使我们接近较小规模的极端，处于这种极端，创新就几乎不可能。[①]

因此，大多数金融交易的当事人须依靠国家执行合约和产权。他们也会诉诸国家来解决协商不一致的情况——理想上而言，以迅速、可预测的方式解决。个人也可能以私人措施协助国家执行：支持贷款的抵押是最明显的例子。但是，最终，国家也要支持私人措施。毕竟，如果借款人违约，是国家来确保贷款人提取抵押品。

如果产权或合约得不到国家的支持会怎样呢？看一看墨西哥让人心碎的例子。在那里，贷款人长期以来感到，当贷款变成不良贷款时，要占有抵押是极其困难的；国家及其司法体系干脆就不执行对支持贷款的抵押的产权。

———————

① 关于没有国家执行的情况下安排信用交易的方法，参见 Greif 2006。

结果，贷款人就不愿意接受土地作为抵押——一个重要的障碍，特别是在农业是经济的主要产业时更是如此——结果，本来应该刺激经济增长的很多贷款从来没有发放。这一问题甚至今天仍在持续，尽管 1991 年墨西哥银行体系进行了私有化，而且最近外国银行也进入了墨西哥。银行仍有困难来实施其合约和产权，银行贷款相对经济的规模仍很小：2002 年，银行贷款只占墨西哥国内生产总值的 15%，而意大利为 80%，英国为 100%，美国为 150%。①

由于金融合约和制度取决于国家执行，当国家执行成本太高时，私人创新可能失败。在 19 世纪上半叶，新型银行 The Societe Generale 通过为钢铁厂、煤矿和产业工厂融资帮助比利时成为欧洲大陆第一个工业化的国家，加速了比利时的经济增长，增长步伐是欧洲其他地方无法匹敌的。② 使 The Societe Generale 区别于其他银行的是，其持有很多制造业企业的股票，这些企业分散在全国。此外，它开设了很多分支机构，不仅发放那种作为 19 世纪银行家通常业务的短期商业贷款，而且通过发行债券和股票参与投资银行业务。总之，它是一家所谓的全能银行，一家什么都做的银行。它几乎是碰巧采用了这种做业务的方式，但是，其策略证明如此有吸引力（主要因为它们使银行在繁荣的制造业中有一个多元化、盈利高的投资资产组合），以至于它们在整个欧洲大陆很快被模仿。

但是，尽管盈利高并且其策略最终被邻近的法国和德国模仿，The Societe Generale 很少敢在像 Lille 和 Aachen 这样邻近的法国或德国的城市放贷，即使它们就在比利时边境的外面。在这些邻近地区的需求是巨大的，而越过边境放贷，The Societe Generale 可以使其资产组合更加多元化。但是，它很少这样做，即使它愿意接受法国投资者巨额的注资。理由是，要在法国和德国执行合约和产权，法律成本会增加。③

政府对创新者的帮助并非限于支持合约和产权。有时，创新需要新的规

---

① 参见 Bortz and Haber 2002；Riguzzi 2002；Haber and Kantor 2003。
② 在 1820 年和 1870 年之间，比利时的人均真实 GDP 每年增长 1.44%，比其他任何西欧国家都要高，参见 Maddison 2001，186。
③ 参见 Van Der Wee and Verbreyt 1997；Brion and Moreau 1998。

则或法规，私人中介不能自愿实施。问题可能是，每一个单个的中介不愿意采取行动，因为担心它要承担设立并强制实施新规则的全部成本，但只获得很可怜的一部分好处。或者可能是，只有国家能够使中介同意并接受具体的新规则。

这就是在 16 世纪的安特卫普发生的情况，它是世界上第一个真正的金融交易所的所在地，交易的证券从短期债券到期货合约。安特卫普市场的新的金融制度，成为其他早期的有影响的金融交易所（著名的是阿姆斯特丹和伦敦的交易所）的榜样，但是，为了让市场运行，安特卫普的交易商首先要解决金融市场的最终的信息问题：当金融工具的购买者可能对设立了工具的当事人一无所知时，他们怎样才能受到保护？在任何金融市场能够顺畅运行前，这个障碍必须要克服，因为，不然的话，互相不认识的人会觉得金融工具的交易风险太大、成本太高。当被欺骗的机会显得太大时，金融市场仍会受到阻碍。在短期债券领域，问题特别具有挑战性，这些债券为通过安特卫普的商品的运送提供融资；这种短期债券的交易（从技术上而言，汇票和本票，一般涉及几个月到期的贷款）是使安特卫普金融市场运转的工具。但是，万一借款人违约，买入这些短期票据中的债券的购买者（如从最初的贷款人手里买入票据的人）怎样才能保护自己呢？

最初，在购买人能把违约借款人告上法庭之前，他要获得最初的贷款人的许可。1507 年的法律裁决使购买人免去了这一负担，但是，他们还要面对使短期债券的交易受挫的信息问题：购买人怎么知道最初的借款人是不是一个好的信用风险，特别是如果他们个人并不认识他的时候？这一问题的解决方案是，使所有以前的债券工具的所有权人，与最初的债务人一起，对偿还贷款负责。每一次出售实际上就使债券更加可靠，因为，如果借款人违约，购买人可以对向他出售债券工具的人以及此前拥有过该债券的任何人追讨。到 17 世纪早期，接连不断的所有权人在出售债券时会在债券工具的背面签名——基本上是我们现代背书的做法。因此，购买人可能很容易知道各个所有权人是谁。一长串背书者——特别是如果人们知道一些人很富有——会因为缺少关于最初债务人的信息而向购买人作出赔偿，因而，债务人的信用不再重要。

在这里，政府在促进安特卫普的创新银行家和商人作出努力方面扮演了重要并有益的角色。习惯法——本身是一种正式的、由国家执行的制度——开始认识到，短期债券的购买人与最初的贷款人拥有相同的权利，但是，1507年的法律裁决（由可以宣布习惯法内容的城镇公民的官方群体作出）以及1537年的法律对这种法律情形进行了澄清。也通过进一步立法——1541的年法令——才使购买人在违约时有权追讨所有此前的所有权人。政府在法律的背后进行了成功的游说：安特卫普的商人和银行家事实上已要求市政府推动这一变革。[①]

可以相信，这些银行家和商人本来可能在没有任何政府帮助的情况下达成这样的解决方案。人们可以想象，他们起草了债券合约规定，每一个随后的所有权人要为偿还贷款负责。但是，这样的过程，可能在每次出售短期债券合约时，需要成本高昂的修订，至少在最初的时候，要在没有向自己的律师咨询前接受这样的债券工具，购买人会很犹豫。结果是，成本增加，对迅速、低成本交易形成进一步的障碍。如果新的合约流行起来，首先设计这种合约的人就没有办法防止其他人简单地模仿这种合约，也无法在没有承担任何法律成本的情况下从这种点子中获利。因而，毫不奇怪的是，商人和银行家寻求在1541年立法，他们这样做的努力表明，政府干预事实上是解决金融中介及其客户面对的信息问题的最好方法。

确实，中介或其客户有时可能自愿采用新规则，而没有在执行合约范围以外得到很多政府的帮助。美国最近的公司丑闻推动了这种创新。为了减轻投资者对股票期权和高管薪酬计划的忧虑，微软宣布了它的第一次红利，转变成给予员工限售股而不是期权的政策。在投资者眼中毫无疑问要可疑得多的公司（如过去雄心勃勃的因特网公司或倒闭的世界通讯公司）在其董事会中设置了独立董事，并修订了它们的公司治理的规则。[②] 但是，人们会

---

① 关于安特卫普的材料来自 De Roover 1953，95-96；Wee 1963，339-354；Wee 1977，322-332；De Vries and Van der Woude 1997，130-131。一些短期债务——特别是本票——实际并不频繁交易；但是，可转让的原则，后来对于其他工具的交易变得非常重要。
② 参见 Craig 2003；Feder 2003。

问，如果不是政府推动或是公司丑闻引发了公众愤怒的反应，这些公司（或像纽约股票交易所这样的中介，它们自身会对上市的公司提出公司治理规则）是否支持这些变革呢？世界通讯公司只是当它从倒闭中崛起时才采用新规则，除了纽约股票交易所和一些较大的养老基金，很少有中介敦促公司修改治理的方式。修改规则就是没有利润吗？

应当承认，政府的帮助可能是把双刃剑。例如，今天，国家常常向银行和其他私人中介提供存款保险和贷款担保，这些在 20 世纪以前几乎不为人所知。这种帮助有很大的好处，几乎消除了大多数发达国家的银行挤兑，从而消除了在过去使很多私人中介，甚至像 The Societe Generale 这样最能创新的中介的失误。过去当冲击促发银行挤兑时，时不时有中介出现失误。相同的障碍使 19 世纪的银行倒闭，它也使中世纪威尼斯的创新停滞，在那里，设计出节省硬币的聪明办法（简单地安排在账户之间进行账面转账）的银行，在存款人蜂拥提取现金时变得毫无力量。

但是，正如金融市场常常出现的情况一样，政府的存在也可能带来不利。存款保险和贷款担保可以制止银行挤兑，但是，它们也可能鼓励私人中介发放高风险贷款，因为它们知道政府会买单。政府救助处于困境的银行的前景相同。最糟糕的是，如果与税收监管相结合，存款保险和贷款担保甚至可能吸引骗子，他们可能掠夺金融中介，而让政府背包袱。

这基本上是美国 20 世纪 80 年代储蓄和贷款丑闻发生的情况。储蓄和贷款机构的所有权人和经营者，传统上为住房按揭贷款提供资金，开始给政府担保的存款带来巨大的风险。一些较不诚实的人实际上掠夺了企业，方法是给自己支付巨额红利，或向他们知道绝不会偿还贷款的骗子放贷。他们的储蓄和贷款机构被迫倒闭，但是无耻的运营者确信，政府会向存款人偿付（政府确实进行了偿付，代价至少 1 500 亿美元），而他们自己却没有刑事诉讼或个人责任的风险。[①]

政府是否为创新提供必要的支持，以及这种支持是否会产生有益的结

---

① 参见 Akerlof and Romer 1993；White 2000，790-792。

果，取决于政治和历史事件。例如，如果我们不知道一点基本的历史背景，就绝不可能真正理解储蓄和贷款崩盘：州和联邦当局，通过放松似乎会使储蓄和贷款机构获得盈利的法规和严格的会计规则，已对储蓄和贷款行业较早的一波损失作出了反应。没有这种规则的放松，储蓄和贷款危机绝不可能发生。① 但是，金融创新的最大的偶然性的源头来自危机本身，尽管私人中介已显示出聪明才智，不过危机永远不会消失。

5.3 为什么金融中介不能避免危机

私人金融中介非常有创造性，特别是在欧洲、日本和北美，在这些地方，变革的步伐常常令人吃惊。并不仅仅是中介比较有创造性，而是因为它们得到了企业主和会计师、律师和其他信息专家的协助，他们帮助设计了大量的新制度和金融工具。但是，金融危机不会就此结束。美国出现了20世纪80年代储蓄和贷款的崩盘，更近时期，发生了与公司丑闻相关的网络泡沫和破产风潮。欧洲经受了自己的科技泡沫，很多新的公司倒闭，交易所 The German Neuer Markt 也关门了。在日本，20世纪80年代的泡沫破灭后，经济滑入了停滞状态，花了15年时间才重新崛起。

尽管私人中介和企业主表现出创新能力，为什么不可能永远在金融市场消除危机呢？

很大程度上，答案在于我们已讨论过的不对称信息和政府掠夺产生的广泛的问题中。但是，答案也来自缺乏对抗某些冲击的保险。尽管理想的市场会提供针对所有可能风险的庇护以便出乎意料的、未保险的问题永远不会出现，但真实的世界还是非常不一样，因为一些风险是不能靠保险避免的。你不能买入保险防范对你的工作技能需求的下滑，尽管暴跌的需求损害了打字机修理工和很多其他技术熟练工的生活。如果一种主要的地方性产业不景

---

① 参见 Akerlof and Romer 1993；White 2000，790-792。

气，你也不能使自己避免住房价值的暴跌。① 即使你获得保险，你也没有办法防范另一种风险——保险公司有可能会自己违约而使你得不到保护。

在获得保险的困难之上还有投资行为模式的问题，使信息问题更加恶化。当出现不对称信息时，投资者常常相互模仿各自的行为，而当这种情况发生时，他们就会使价格上涨并制造投机性泡沫。这种羊群式行为加速了突然性的纠正，就可能使投资者和中介失败。如果投资者就市场价格变动情况形成错误的想法，就会发生相同的情况。他们可能要花时间来纠正这些想法，否则，他们可能会在他们选择的行为中犯错——例如，决定将他们的资金投入股票，因为他们确信，最近的股价上升是长期趋势的一部分。较理性的投资者当然想利用他们的错误，但是，他们可能暂时无法使价格回归其真实价值。结果又将是泡沫，紧随其后的是违约。②

即使金融中介没有保险，它们也有一种方法来对抗各种经济冲击和泡沫。它们要做的一切就是，持有一些现金作储备。个人投资者在没有保险时同样可以这样做。但是，持有储备明显会强制增加成本。中介保留的现金是不能贷出获得利息的现金，而个人投资者保留在支票账户上的现金利息很少或没有。正如有保单时一样，当有保险时，成本使得有必要计算把多少钱用作储备。这意味着，要决定那些冲击有可能发生，有什么可能的损失，而不要在不会产生的危机的冲击上浪费太多的现金。

总之，投资者和中介要预测所有可能的冲击的可能性以及可能的后果；然后，他们应努力使自己得到庇护，要么持有适当金额的储备，买入保险（如果有保险），要么寻求在出现冲击时会有良好表现的金融工具。但是，当他们进行这些计算和预测时，他们只有一种信息来源可以求助——过去。几乎不可避免的是，他们会求助于历史数据来预测未来。

---

① Shiller 2003 提出，使这种保险在中产阶级可及的范围内，但是，尚难找到有关当事人，愿意通过出售 Shiller 努力创设的新的证券，来提供这种保险。
② 这一段基于两个文献。第一个是行为金融学不断增加的文献的一部分，这部分运用了心理学、实验和问卷的独到见解，来修正经济学家建模的方式，模型涉及投资者怎样更新对未来看法，以及他们怎样根据这些看法采取行动；参见 Shleifer 2000，154–174；Shiller 2001；Barberis and Thaler 2003。第二个来源是，Bossaerts 2002，运用了实验，但回避了心理学。相反，他关注的是投资者带给市场的最初的错误看法。这里，有关的材料还有最近的几篇理论论文：Abreu and Brunnermeier 203；Goeree，Palfreys，and Rogers 2003。

但是，历史数据可能很容易被误用。如果共同基金使用的广告——通常力捧其过去的收益率而不是其未来的策略——是某种示意，那么，很多投资者明显会从过去的经验进行推断。甚至知识丰富的投资者和中介可能犯同样的错误。

一个这样的错误造成了 Long Term Capital Management 公司（简称"LTCM"）的倒闭，1998 年 9 月这家对冲基金从一场本来会是灾难性倒闭的境况下被挽救回来。LTCM 大量借款，以便为证券交易融资：1998 年初，很明显，它有超过 1 250 亿美元的贷款余额。但是，其交易并不像预期那样取得进展，其净资产暴跌。当它濒临倒闭边缘时，纽约联邦储备银行设计了一个救助方案，使 LTCM 避免对其贷款及其几十亿美元的合约违约（这些合约很多是所谓的衍生产品，简单解释就是，它们取决于其他金融资产的价值）。如果它违约，已与 LTCM 达成合约的银行和证券公司会匆忙地清算它们持有的以该对冲基金作为抵押的资产。结果很可能使市场崩盘，金融公司广泛出现倒闭——简言之，就是危机。[①]

是什么使 LTCM 陷入这种困境呢？从本质上而言，该对冲基金打赌，各种证券之间的价格差异会消失，或者，某些证券市场上的价格的波动性会下降。要进行这样的打赌，它可能与一家银行达成交易，在交易中，如果安全的美国国债的利率和一些新市场国家风险较高的国债的利率之间的价格差异缩小，该银行会向 LTCM 付款；如果相反的情况发生，LTCM 向该银行付款。或者，它可能进行类似的交易，如果美国股价回到历史水平，就会使 LTCM 得到回报。经济理论说明了怎样汇集这些下注人的多元化资产组合，据推测，这些组合涉及的风险很少，而 LTCM 运用借款来汇集资产组合。但是，为使理论模型付诸实践，并预测可能的风险、收益和损失，LTCM 依靠的是历史数据。它认为，某些在过去观察到的重要关系在未来最终会再次盛行。

这样的历史假设有很多风险。首先，即使历史关系确实再次出现，也说

---

① 关于本段落以及以下的几个段落，参见 Edwards 1999；Lowenstein 2000。

不清要花多长时间得到承认。模型背后的统计理论，如果正确，只是说，过去的关系几乎肯定会恢复，但是等待的时间可能很长，而在间隔期间，人们的储备可能下降而消失在水面以下（正如发生在 LTCM 身上的情况一样）。更糟的是，统计理论可能干脆不适用；过去观察到的关系在未来可能不成立。按统计学的术语，价格和其他数据的数列可能"不稳定"。在这种情况下，用来指导经济模型的历史证据并不能帮助预测未来或评估可能的结果，而模型在冲击中特别有可能失败（正如 LTCM 的模型一样），这时，历史的假设就不成立。

对 LTCM 而言，破坏历史假设的冲击是俄罗斯出人意料地对其国债违约。当恐慌的投资者试图抛售俄罗斯和其他新兴市场国家的高风险债券以便买入更安全的美国国债时，LTCM 打赌的利差扩大到了史无前例的水平——正好与历史数据使该对冲基金所预期的情况相反。[①] LTCM 曾假设，新兴市场的债券价格不会都一起变动，对其他发展中国家的债券价格打赌，它可以冲抵像俄罗斯违约这样的事件产生的敞口。但是，当俄罗斯违约时，几乎所有新兴市场的债券价格都崩溃了，LTCM 的资本"蒸发"了。

如果随着经济发展，政治体制变动，竞争驱逐旧的企业和技术，经济关系发生转变，那么历史数据就可能证明是误导人的。偶然事件无法预期，预测经济冲击的情况有多坏这一任务变得更为复杂，如 2001 年 9 月 11 日的恐怖袭击，使几千人丧生，这改变了对外政策，毁灭了旅游业。投资者和中介的计划中很少考虑到这种事件，因此，没有采取措施为自己投保来防范产生的风险，即使碰巧风险很低时也是这样。

预见不到的事件对我们自身的时代而言一点也不特别。例如在 18 世纪，法兰西王国开始出售人身年金，这很快变得流行起来，因为它们使购买人能确保自己一生有一份有担保的收入——这在任何私人或公共养老金出现前的时代是很有吸引力的。[②] 问题是，年金可能被一个计划中聪明的购买人和金融中介所操纵，他们赚了很多钱——至少一直到完全出乎意料的事发生时是

---

① 参见 Edwards 1999，199，203，206。
② 接下来的内容参见 Luthy 1959–1961，2：464–592；Velde and Weir 1992。

这样。

最初，政府年金的典型购买人是50岁的人，他想在余下的人生有一份收入。他最终在投资（事实上是给王国的贷款）中获得，例如，5%的市场回报率，而并没有超乎寻常的利润。但是，利用提供给年金的价格，其他贷款人可以提高其投资回报率。年金的购买人可能使年金的付款金额不是取决于他自己的寿命，而是其他人的寿命。购买人可能有丑恶的原因来寻求这种安排。例如，一个父亲可以规定，年金的付款可以一直持续，直到他的女儿逝世：这样，就会确保她一生有收入。这一特点使年金甚至更加理想，但是，它也对操纵敞开了大门，因为一般而言，法国政府向年金购买人进行年度的付款并不取决于那个人的年纪，他的最终死亡会使付款停止。这个人甚至不必与购买人有关系，它可以是预期会活得很长的某个人——例如，对于一个10岁的女孩来说，付款持续的时间明显会比50岁的人要长，而投资金额的回报会从一个50岁的人所预期获得的5%上升到8%甚至10%——远高于市场提供的利率。付款款项不必归10岁的女孩。相反，购买人可以放入口袋，或可能转让给任何他想给的人——例如，他的继承人。这种对于购买人的灵活性使这些投资甚至更有吸引力。

当然会有风险，10岁的女孩可能年纪轻轻就死亡。但是，这种危险可以最小化，方法是选择已从像天花这样的大病中幸存下来的健康、年轻的妇女，而且其亲属已到老年。她们正常情况下预期会活很长时间，而通过找到一群这样的女孩并给她们每一个人的生命购买年金，可以进一步减少风险。这些女孩中两个或三个人的死亡只会略微减少总的付款金额，而更多死亡的几率很小。

这正是很多日内瓦的银行家从18世纪70年代以来采用的计划。他们会选择30个日内瓦的女孩，然后从法国政府购买30份人身年金，每个女孩一份。银行家然后就将这些年金加总在一起，将产生的投资池中的股份卖给他们日内瓦的同胞，这些人以似乎是很低的风险赚取巨额的溢价。投资非常有吸引力，因为股份很容易卖出：日内瓦每个人都知道这个计划，并相信银行家会干得很好。

因而，日内瓦的银行家设计了一种制度——一种人身年金的投资池——减少了投资者面临的风险，增加了他们的投资回报率，也提高了流动性。但是，虽然他们的这种制度确实保护了投资者，防范了这些女孩中一个人提前死亡的风险，但是，银行家忽略了一个潜在的灾难：如果法兰西王国违约，或者，如果法国货币贬值，他们自己就会承担巨大的责任。他们的疏忽是可以理解的：当他们把大量的年金汇集在一起的时候，法国货币已有两个时代都是稳定的，而再发生国家倒闭（最近的一次已经是 1770 年的事了）现在似乎是不可能的。[①] 但是，对他们而言不幸的是，法国革命在 1789 年爆发。革命政府推迟支付其年金款项，并很快用几乎不值钱的纸币向银行家付款。而当银行家从法国政府拿到几乎不值钱的纸币的付款时，年金池的股份持有人，他们仍欠着瑞士的硬通货币。毫不奇怪的是，大多数日内瓦的银行家都破产了。很多投资者也一样，因为，在一些投资池中，银行家让投资者以信用方式买入股份，只有很少的首付款，以交换投资者承担使投资池保持有偿付能力的责任。最后，几乎所有投资者都遭殃，因为，当银行倒闭时，甚至不承担任何责任的投资者也失去了他们一直期望的年金的付款。

日内瓦银行家和 LTCM 所犯的这种错误都是非常常见的，甚至在聪明的金融运营者中也是这样。但是，这些中介，也包括投资者如果眼光能够长远一些，错误本来也许可以避免。毕竟，日内瓦的银行家，基于在 18 世纪 70 年代发生的情况进行了总结；类似地，LTCM 依靠最近的数据来指导所使用的模型，以便预测风险和预期收益。如果 LTCM 或日内瓦的银行家审视了更长期间的历史记录，他们可能仍不能形成对于未来危机的可能性的更加准确的预测，但是，他们当然会理解，金融概率并不是稳定的，变化的关系和出乎意料的偶然性是法则，最初的想法简直就是错误的。这是历史真正给予我们的教训，对于要分析将来有可能发生的情况的任何人，这都是有价值的教训。

要预测，可能的冲击是怎样的，以及可能的后果是什么，是很难的，除

---

① 参见 Velde and Weir 1992；Hoffman, Postel-Vinay, and Rosenthal 2001, 221–224。

这一点以外，要根除危机，还有一个障碍，这一障碍会使任何金融中介帮助投资者应对经济冲击的努力都遇到挫折，不管是帮助他们持有储备，还是设立其他的新型制度，以便减弱冲击的效应。这个似乎不可避免的障碍是，金融创新解决老问题的时候又会制造新的问题。

设计用来防范频繁的小冲击的新制度常常被证明在大冲击发生时会使情况更糟。新的制度也可能引起投资者和中介放松警惕，从而助长很多不当行为和很多糟糕的选择，以至于会发生新的危机。

例如，在19世纪欧洲的富豪统治的社会里，很多企业主想要获得长期贷款，以便为企业大规模扩张提供资金，但是，要这样做，就会有问题。他们寻求长期贷款，因为他们不想在一些较长的项目（例如建造一幢楼）做到一半时发现自己陷入信用危机而不能使银行提供的那种短期贷款滚动起来。要靠自己发放长期贷款，个人投资者是会犹豫的，因为如果个人发生一些不幸，他们担心自己会短缺现金。这一问题的明确的解决方案是，让银行将投资者的存款资金汇集起来，再用这笔资金的一部分来发放长期贷款。如果银行保留储备资金，并使其贷款的久期（duration）进行搭配，在存款人可能突然遇到个人的困难时，银行就可能确保手头有足够的现金来满足这些存款人可能的提现的需要。随着银行开始这样做，它们会减少长期贷款的风险，这一创举是个人贷款人不可能做到的，他们没有银行巨大的贷款资产组合。

毫不奇怪的是，创新促进经济增长，但是，它也制造新的危险：如果大的冲击震动经济，银行的很多或全部存款人可能突然想提取资金。银行手头不会有足够的现金来应付所有的提现，存款人很快会意识到，他们最好的希望是，在最先出现问题的迹象时就提取所有的现金。这样的措施会比等到实际出现银行挤兑时要好，因为那时他们会损失大部分的资金。但是，蜂拥清空账户就会促发他们正要担心的银行挤兑，结果是一波银行倒闭，尽管新制度已使长期贷款变得可能并减少了与之相关的风险。

并不是说，创新是一个错误。长期贷款的风险下降，随着银行现在提供长期贷款，经济增长就会提速，因为以前急迫需要金融资本的企业主得到了资金用来投资。但是，新发现的增长现在却会被银行挤兑所中断——这是一种新的危机。

因此，私人金融创新有一个软肋：它当然会使事情改善，但它有时会带来新的危机，或者在事件偏离历史模式时使下滑更加恶化。这是危机不会消失的原因之一。当投资者和中介要决定，怎样来保护自己以防范未来冲击时，他们所具有的那种天真地从最近的历史来进行推断的趋势也是如此，不管是通过使其资产组合多元化，创设新的金融工具，还是设计新的制度。他们对历史的依赖提供了一种熟悉的随时能获得的例子，但是，从最近的过去进行推断，则是对未来要发生的情况的一种糟糕的向导，因为金融市场随时间推移进行演变，而不会重复自己。对历史的真正的理解——是一种超越从最近的过去进行简单推断的理解，这种推断是投资者和中介信赖的——不会使人们对刚刚过去的危机作过分的准备而对正在酝酿中的危机却准备不足。说出所有这些话，并不是意味着，我们否认私人金融创新的巨大价值。创新不可否认是有价值的，即使创新不能根除危机，因为，如果资本市场不对变化的环境——特别是对危机——作出调整，经济干脆就会滞胀。

因为危机是不可避免的，我们不可能预见到金融市场将会怎样演变，因为每一次危机，至少从政治经济学的原则而言，都会以不可预测的方式，创立新的制度，并重新引领金融发展的道路。通过审视一个令人震惊、出乎意料的最称不上制度变革的例子——18 世纪早期法国的 John Law 危机造成的后果——我们可以有同样多的发现。当法国发现自己在几十年战争后被债务所毁灭时，危机开始了。一个富有创业精神的苏格兰银行家 John Law 提出一个根本性的解决方案，法国政府要他就其提议进行解释，他此前已向其他欧洲国家极力进行鼓动。提议涉及的是，设立一家银行来接管法国政府的债务，作为交换，银行有权征收大部分税收，并利用法国的海外财产。为了给其经营融资，该银行也会发行钞票作为纸币，并出售股票在巴黎股票交易所上市。他们的想法是，纸币会推动经济增长，而很容易交易的股票会证明对政府的债权人（主要是因为股份可以很快在巴黎股票交易所出售，而不像国债）很有吸引力，以至于他们会随时将他们的国债交易成银行的股份。①

为了使运作成功，已成为法国财政部长的 Law，鼓励对银行股份的投机，引发了股市泡沫，并在 1720 年破灭。他所运作的方式是，通过让该银行发行大量钞票引发快速的通胀。随着通胀肆虐，巴黎的借款人纷纷用已经很便宜的法定货币的钞票来偿付他们自己的债务。很多贷款人失去了财富，而其他投资者则在银行股票泡沫破灭中毁灭。

这一危机令人好奇而出人意料的效应是，它没有使法国金融市场瘫痪。相反，危机帮助启动了新的制度，该制度成就了后来 18 世纪前十年巴黎按揭市场的繁荣。正如我们在第 1 章中所了解的那样，这一新制度成为城市公证人员中自我强化行为的一种模式，他们是长期以来起草合约和按揭文件的法律官员；现在，除了法律职能以外，他们开始每年安排成千上万笔按揭贷款，因为他们知道谁有钱贷款，谁有好的抵押因而是好的信贷风险。对他们而言，这次危机是一个转折点。因为当用一文不值的纸币偿还旧的贷款时，他们起草了大多数贷款还款文件，所以，他们知道谁被 Law 事件毁灭，谁毫发无损地崛起。Law 事件使他们有关信用和抵押的信息比从前更有价值，该事件将公证人员在这一世纪剩下的时间里推向了新的令人惊讶的作为按揭贷款经纪人的职业——都是因为该危机产生了未曾预料到的效应，并且历史事件使他们成为起草合约并保留法律文件的人。

金融市场的历史是一部创新和危机的历史。虽然投资者和企业主当然是一些创新的缘由，但是，大多数创新却是私人金融中介的杰作，它们设计了非同一般的合约的组合，为投资者，同样包括企业主，提供了范围广泛的风险和收益。今天，银行、保险公司、共同基金和由中介设立的其他机构甚至使小投资者也有可能享有范围广泛的投资选择，至少在发达国家是这样（当然，在较穷的国家，这种选择尚无法获得）。但是，尽管有创新，危机仍（并将总是）与我们同行，即使在欧洲、日本和美国也是如此。

---

① 我们所叙述的关于法律事务的内容参见 Neal 1990，以及 Hoffman，Postel – Vinay，and Rosenthal 2001 及其引用的资料来源。

中介并不是单独创造奇迹的。当私人当事人做不到时，政府要提供帮助，途径是实施合约和产权，以及强制实施法规和共同的解决方案。有时，正如我们应知道的一样，政府要做的不止于此。

第 6 章

政府与改革需求

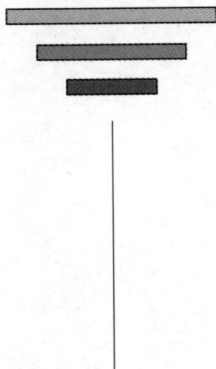

　　虽然西方国家 500 多年来一直干预市场，但是，在 21 世纪，政府干预变得常见得多，即使在英国和美国这些已经历过私有化或放松管制潮流的国家也是这样。甚至在这些自由市场理念的堡垒中，国家在金融市场中发挥的作用比 100 年前要大得多，做的事情也多得多，以便在危机后提供所要求的制度。至少在一些例子中，政府已创立了不同一般的金融制度，并取得巨大成功。但是，在其他例子中，它们促发了世界上曾见证过的最糟糕的一些金融危机。

　　为了设立新制度，政府可以以多种方式干预资本市场。它可以只是制定必要的法律或强制实施法规，而把金融中介服务的实际任务交给私人部门。但是，政府可能也会把私人中介撇到一边，而通过向战略性行业提供贷款，或通过提供针对失业和伤残的养老金或保险，由它自己担当中介。任何种类的政府干预，在危机期间及不久之后，都特别有可能发生，这时，市场对政府采取行动的要求达到高峰。正是这时，国家最有可能没收不当所得或救助虚弱的银行和企业，以便它们不会垮掉。

当国家干预或创立新制度时，它（除了有巨大的权力之外）有一个优势，是私人中介所没有的。这个优势是，政府不会面对很紧的预算约束，至少在短期内是这样（长期而言，政府当然有预算约束，但几年的短期对大多数政治决策有重要意义）。当私人中介设计出一个新制度，它需要从创新中获得足够的盈利来支付成本。与之相对照，当国家干预时，它可以将一部分成本推向纳税人，包括那些未来的几代人，他们并没有在政治决策中有具体的发言权。例如，政府想鼓励穷人储蓄。要做到这点，政府可以向他们提供高于市场的利率，因为纳税人将会买单。想要以这种方式尝试的私人中介将会损失资金并迅速被驱逐出所在行业。

因而，政府可以做私人中介借助神力也够不着的事情。这种可能性引发了热烈的、长期的争论，构成左派和右派之间传统的分界线，左派主张政府干预来改善市场，而右派则感叹这种干预的失败，转而支持私人创新。但是，现在是时候要问一问，是否有可能超越这种左右之间的传统争论，以便确定是什么使一些例子中政府对金融市场的干预很成功，而在其他例子中会变成灾难。这是不是一个要避免极端的问题，正如私人中介创新的情况一样？政治经济学原理能否单独解释什么最能发挥作用，或者历史是否也会起作用？并且，什么可以解释政府在 20 世纪所进行的如此多的干预？

6.1　政府干预的传统：左派—右派的观点

因为一个国家并不受到短期预算约束的限制，它可以解决资本市场的问题而不用那么担心私人中介会担心的成本问题。对于政府干预的支持者而言，这是一个很大的优势，因为在金融市场失败的时候，政府可以比私人中介更容易从中斡旋。但是，有人担心，缺少预算约束，成本高昂的项目即使在以效益的方式提供的东西很少的时候也会生存下去，对于这些人，这一优势就会变成劣势。对于右派而言，政府干预常常被所谓"寻租者"寻租：那些从政府项目获得巨大好处的人承担的成本却很少（这些幸运的个人被称作寻租者，因为他们获得的优势超出了他们在没有政府项目——经济学家称之为"租"——的时候得到的东西）。

结果证明，这一辩论的两边都有重要的具有远见的观点，尽管两者之间存在极大的差距。例如，看一看左派的观点，因为存在市场失灵（market failure），所以资本市场的国家干预变得可取或必要。作为一个观点，它显得很古老，但反映了长久以来的一种担心，不受约束的市场会破坏基本的政治或道德原则。人们只需回忆一下基督教、犹太教和伊斯兰教都有禁止贷款和收取利息的长期的历史。在中国，借钱可能不会引发宗教问题，但过去却受到行政的监管。① 在西方，到中世纪末，政府当局开始承担起监管资本市场的大部分任务，强制实施高利贷上限以及外国银行许可证制度等规则，并限制起草金融合约的方式。政府甚至开始作为金融中介进行运作，尽管是在城市或很小的城市国家而不是较大的集权的王国的层面上进行运作。例如，很多意大利城市都根据穷人值得帮助的（宗教和政治）信念设立了城市的典当行。普遍的观点认为，私人典当经纪人收取的利率很高，以至于他们使较穷的借款人变为赤贫而引起社会动乱。在城市领导人的眼中，私人信贷市场没能产生他们想要的理想的社会上所希望的结果：因为穷人能够将借款作为一种保险方式，所以，他们在经济下滑的环境下仍可以保持温顺。

什么样的市场失灵最有可能引起国家干预？一种情况涉及私人当事人无法执行金融合约。如果借款人违约，怎样才能迫使他放弃抵押品？虽然执行合约有时是通过私人安排的，但是，它常常需要国家干预，特别是在较大的市场，在这样的市场里，甚至连告知其他潜在的贷款人一个赖账者拒绝提交抵押品，也会成本很高、难度很大。国家干预就是一种解决方案，通常的形式是，由国家执行针对金融合约的法规。法律可能规定，当违约的借款人拒

___

① 参见 Yang 1952，5，92–101；Gernet 1956，149–165；Will and Wong 1991，355，372；Kuran 2003。

绝提交抵押品时会发生什么，理想上而言，国家也将会设置法庭来解决关于抵押和未偿还贷款的争议。

当最初的资本需求太虚弱以至于无法支付设立新制度的固定成本时，私人市场也可能引发政府行动。如果需求比较大，固定成本可能会分散在庞大数量的金融交易中，并会减少到不重要的程度。在这里，国家可能能够通过吸收固定成本进行干预。例如，政府可能第一个在集中的市场中出售国债，从而支付设立交易所的部分成本，交易所可以用来交易其他的金融资产。一旦市场到位，投资者、借款人和企业主就可以依靠市场来交易私人股票和债券，融资及资产组合多元化的成本就会下降。

即使金融市场逾越了这些最初的障碍，它们仍会面对其他的问题，这些问题可能使政府干预变得正当。特别是，经济冲击会抵消大多数多元化努力，市场可能被经济冲击所言垮——例如，像大萧条那样的世界性冲击，或甚至一些较小的冲击也是这样，它们常常使投资者或中介陷入困境，因为它们在评价其资产组合风险的时候依赖近期历史的程度过于严重。这种冲击通过使银行和其他金融中介耗尽现金从而将其搞垮。银行和其他金融中介可能倒闭或被迫削减贷款，以便重新建立起储备。投资者，因为担心出现最坏的情况，可能在恐慌中发动银行挤兑或变卖资产。这时，企业主就会发现信贷枯竭，而借款的个人就会削减支出，以避免失去用作抵押的住房或汽车。结果可能因暂时性缺少现金而促发大规模经济下滑。如果危机破坏了中介的技能和机构的资本，就要花很长时间才能复苏。在这里，左派会辩称，国家应当迅速介入，救助企业、中介和个人。这样要比严重的萧条好。

随后，缺少抵押或过去没有交易来确立信用声誉的借款人会遇到困难。这种借款人很多，甚至在高度发达的资本市场中也是如此。例如，年轻的成年人，特别是那些没有财产或没有先前贷款记录的人。没有抵押或没有确立声誉，他们无法获得贷款开办企业或即使很有天赋也得不到教育。这些至少是我们的信贷市场模型所表明的情况，其含义很不幸会非常现实，甚至在西欧和北美富裕的经济体中也是这样。理由很简单，贷款人简直就无法确定潜在的借款人是否有可能偿还贷款，一旦借款人确实违约，就无法挽回损失。

但是，政府可以进行可能的贷款，方法是，要么为他们保险（以便贷款人没有损失的风险），要么直接提供贷款。长期而言，如果国家对借款人增加的收入收税，这些收入可能足够偿还贷款，结果也不会有资金损失。整个计划可能为作为一个整体的经济带来私人市场根本无法获得的巨大利益，因为私人贷款人无法轻易地将增加的未来收入作为抵押。

这些是政府干预可以修复的那种市场失灵，至少对于左派的政府干预提倡者是这样。甚至是右派的政府干预的批评人士也承认，存在市场失灵，并且政府可以使情况得到改善，至少一开始是这样。但是，他们最大的担心是，长期而言会发生什么情况，因为，在他们看来，政府干预，即使是出于善意进行解释，当个人寻求利用政府的项目时，也不可避免地为宝贵资源的浪费打开了大门。这种浪费，或者称为寻租，有多种面目。金融中介可以要求使它们避免竞争的法规。它们可以把运营费用伪装成政府应当承担的那种固定成本，或者进行高风险投资，如果投资失败，就请求政府进行不值得的救助。借款人和贷款人也可能通过获得不正当的贷款补助和贷款保险而受益。

寻租是批评人士最害怕的东西。当国家代替私人中介接管时危险是最大的，但是，即使国家只是强制实施法规时，这仍是一种威胁。这绝不是现代所特有的。在中世纪晚期的意大利设立城市的典当行时，穷人从犹太典当经纪商那里借款，后者可以不受基督教贷款人所强制接受的约束向非犹太人贷款。他们收取的利率很高，因为贷款有风险，但是，如果政府使典当经纪商进行竞争，利率就会下降。竞争本来应该使利率下降到最低，但是，与允许竞争的情况相反，很多城市将贷款许可出售给很少的犹太家族，这样他们就可以相互勾结使利率更高。城市就用这些许可来榨取犹太典当经纪商的利润，使穷人成为最终的输家，因为他们最终要支付许可的成本以及高利率，这些都是在他们亟需资金的时候同时发生的。罪魁祸首就是当地的精英，他们控制了市政府：他们为自己省下了税收，而把成本转嫁给借款人。①

---

① 参见 Botticini 2000。

对这种寻租的反对意见直到 18 世纪才出现，但是，在对右派持批评意见的人的手里，反对变成了对政府干预的强有力的三方面的攻击，不仅仅是针对金融市场的干预，而且是针对整体市场的干预。

第一方面的攻击开始于这样的观察，因为企业和个人将会不可避免地寻租，政府干预应该总是可疑的。即使看起来良好的行为，如设立城市的典当行，也可能会掩盖设立和汲取"租金"的努力。最起码，人们就会对任何宣称政府干预改善福利的主张持怀疑态度。

来自右派的第二方面的攻击更为犀利。右派注意到，政府干预总是会制造出受益人，即使动机良好也是这样。受益人可能是政府补助的接受者、管理计划的官员，或享受政府贷款担保的贷款人。他们也可能是政客自己，正如 20 世纪 90 年代意大利的情况一样，当时，与特定政治党派有关联的国有银行，以低于市场的利率，在这些银行的政治党派强大的地区发放贷款。同时，运作计划的官员将会努力掩盖出现的问题，并且，他们可能与很少数的受益人一起参与到惬意的交易中，而不是将计划扩展到有资格的每个人。

因而，即使设计政府干预是为了修正真正的市场失灵，它也会制造出受益人群体，他们会参加抗议活动要求计划继续运行，并在可能情况下扩展计划。这种病态并不限于发展中的经济体，或限于臭名昭著的腐败的政治体制。例如，在美国，政府运作的学生贷款计划，为大学教育筹资，从而解决了市场失灵。但是，这也使大学扩大招生并提高了学费，使大学有动力游说，以便这些贷款计划能够扩展，而不管其成本。①

类似地，由联邦政府设立的两个金融中介——联邦全国按揭贷款协会（FNMA）（译者注：在美国也简称为"Fannie Mae"，国内译为"房利美"。）以及联邦住宅贷款按揭公司（FHLMC）（译者注：在美国也简称为"Freddie Mac"，国内译为"房地美"。）——可以有理由骄傲的是，因为设立了市场，通过从银行以及储蓄和贷款机构买入新的按揭贷款，将它们组合在一起，再将汇集的资产作为按揭支持证券出售，从而可以使按揭贷款方便

---

① 例如，参见 FinAid 2006。

地交易。这一市场有一个很大的好处，使银行以及储蓄和贷款机构将其资产组合多元化，它解决了长期折磨美国按揭贷款人的问题。但是，既然按揭贷款市场活跃地运转着，人们就有强烈的理由认为，对这两个机构没什么需求了。如果房利美和房地美私有化，按揭贷款市场在没有政府担保的情况下会继续运转，就好像对大额按揭贷款所做的那样，由私人企业主进行组合和出售。私有化会消除对这两个机构发行的证券所隐含的支持的优势，这种优势使它们以较低的利率融资。这种未清晰表述的政府担保构成了对这两个机构的巨大补贴，它包含一个巨大的风险，因为，如果这两个机构中任何一个违约，纳税人就要救助债券持有人，代价可能很容易超出20世纪80年代的储蓄和贷款机构倒闭事件。不能干脆忽略这种违约的风险，因为这两个机构越来越多地持有按揭贷款而不是出售。这种趋势使两房在利率变动时对潜在的重大损失敞开了大门。[①]

长期以来使私有化变得不可想象的——在亲市场的美国是一种意外的情况——是这样：两房是娴熟的游说者。它们的股东和管理层将补助的重大部分放进了腰包，并且为了保持这一利益，它们以一种很可能会影响国会投票的方式进行开销和慈善捐款。同时，承担了所有风险的纳税人，当然是以组织松散，并且整体上并未意识到补贴的规模。结果是，即使保守的立法人员也没有理由来考虑将两房私有化。直到最近，他们也没有考虑过强制实施新法规，来减少救助的风险。只有当最近这波公司会计丑闻涉及两房时，却是另一个标志，说明危机怎样会改变政治氛围——国会和立法人员才突然醒悟。[②]

对政府干预金融市场的第三方面的攻击可能是最有危害的。当政府介入来纠正市场失灵时，右派的批评人士辩称，它减少了私有化创新的动力。私人中介也可以解决市场失灵，但是，它们的动力是利润。一旦政府介入，对私人中介能提供的任何东西的需求会下降，正如它们的利润一样；此外，任

[①] 关于这一点以及随后的内容，参见"Crony Capitalism" 2003；Wallison 2003；Labaton and Dash 2006。

[②] 这两个机构也都有重要的盟友，从营销证券的投资银行到住宅所有权人和开发商，后者受益于两房的按揭贷款补助；结果，私有化就不会很容易。

何鲁莽到想与政府竞争的私人中介，将会面临国家干预受益人的反对，受益人会想要保护他们的"租金"。私人创新因而会消失，迫使国家比在从未介入时更长时间地维持参与的状态。因此，对右派而言，政府干预只会带来有限的利益，原因是存在寻租，并且在最坏情形下，寻租会抹杀政府计划产生的任何利益。

右派和左派对政府干预的观点形成鲜明的对比，而他们对国家应该做什么所持的不同看法对于金融市场的发展具有不同的含义。对于左派而言，市场失灵使金融市场在没有国家重大帮助的情况下无法全面发展。对于右派而言，国家干预不可避免会强制增加巨大的成本。而占主导地位的一方——不管是在专家中还是在决策者中——会随着时间推移而不同。例如，在美国，大萧条培育了政治家和经济学家对于市场失灵风险的广泛的观点；这种观点反过来提出构想来设立存款保险、证券交易委员会、社会保险体系，以及一系列其他的计划，使联邦政府对金融市场进行监管，并以过去无人知晓的规模提供金融服务。但是，在 20 世纪 70 年代和 80 年代晚期，人们对寻租的担心凸显起来，促发的部分原因是巨大的成本以及储蓄和贷款灾难所造成的政治上的尴尬。①

6.2 对政府干预的重新思考

对金融市场的政府干预不可避免地会引起寻租，也可能使私人创新受阻。但是，正如我们已发现的，金融市场中市场失灵泛滥，失灵出现的时候，需求会很弱，合约无法执行，投资者不能为自身保险而免受冲击，人们由于尚未获得信用的声誉或者没有抵押而无法借款。在此前章节中所讨论的困难只会使市场失灵更加常见。不对称信息使合约执行或为投资者提供防范冲击的保险更加困难。不平等剥夺了值得帮助的借款人拥有抵押的权利。私人中介没有政治家的帮助可能无法解决这一问题。它们可能只是采用对这一

---

① 关于经济学家意见的转变情况，参见 Shleifer 1998。

问题有争议的解决方案，或者它们可能对设计新东西很犹豫，因为它们的竞争对手可以很快模仿它们的创新而不承担任何的成本。

因而公共干预似乎是成立的，以便能修补市场失灵，但是，只有当寻租可以被约束时才行。政府行为将不可避免涉及权衡，当国家介入时，要有一些"租金"少量地给予受益人。但是，如果这些"租金"是有限的，改革在不引起太多损害的情况下就可能成功。

这至少是历史所表明的。我们可以看一看几个例子来了解是怎样表明的。例如，看一看美国联邦政府 1933 年的《证券法案》，法案确立了财务报告的标准，从而解决了不对称信息的问题，这一问题折磨着买入股票和债券的投资者。私人改革者自 20 世纪 20 年代以来一直试图使发行股票和债券的公司的财务报告更加可靠和富含信息，但是，他们无法就做什么达成协议。已经有了相对严格的财务报告要求的纽约股票交易所（NYSE），的确开始对上市公司强制实施新的会计规则，但是，这一举措撇开了在其他市场交易的所有公司。1933 年的《证券法案》与 1934 年同时通过的其他立法一起，解决了问题，方法是确立了财务披露的标准，使会计师、承销商和公司董事对提供误导性信息负责。立法对信息问题创造了一种常见的解决方案，并且，对很多较小的企业强制实施这一方案，但这些企业可能承担不起在纽交所上市的费用。它也对纽交所自愿采用的那种规则提供了法律的支持，从而增加了财务信息的可信度。

这一立法的效用是相当大的。1933 年的《证券法案》的目的是帮助投资者更加准确地评估证券，不管这些证券是在纽交所交易还是在其他交易所交易。其最重要的影响是在纽交所之外，它使首次公开股票发行的价格持续过高的状况结束了。它可能还促进了场外市场的增长——纳斯达克的前身——使新的公司更容易融资。[①]

尽管如此，该法案确实产生了"租金"，特别是对投资银行而言，它们

---

① 参见 Baskin and Miranti 1997，197–204；Rajan and Zingales 2003，160–161，以及 Simon 1989，后者提供了 1933 年《证券法案》影响的统计学证据。

利用它在承销证券时限制竞争。① 但是，1933 年法案的效益很有可能要超出
寻租的损失。毕竟，如果没有类似的东西，我们可能就不会有纳斯达克及其
所帮助启动的所有的新公司。

　　甚至那些因为向经济中特定的行业提供低成本资本而按照定义分配
"租金"的计划，最后也会比较有效率，只要它们产生的"租金"并不是过
多。西欧在第二次世界大战后三十年中的显著增长，使当时欧洲的生活水准
赶上了美国，提供了一个引人注目的例证。这一个快速增长的阶段也是国家
对金融制度进行广泛控制的时期。在每一个国家，国家以一种它认为高效的
方式介入资源分配，在一些情况下——引人关注的是法国——政府拥有或控
制银行是常见的。但是，通过让政府分配资本用于道路、住宅、学校和电网
而产生的寻租行为并不足以让欧洲的经济增长落后于美国。贷给企业的资本
也是这样。与之相反：国家赞助的投资创立了基础设施，创造了快速增长。

　　因而，美国 1933 年的《证券法案》以及欧洲的国家直接干预是成功
的，因为收益较大，而且突出的寻租行为受到控制。但是，当寻租盛行时，
政府干预造成的经济损失可能很大。当墨西哥 Porfirio Diaz 政府在 1897 年通
过《全面银行法案》时，它使政治协议变成法案，作为向政府贷款的交换，
将巨额的租金给予政治上相关联的银行。对银行家而言，主要的优势是，不
能设立新的银行机构。因而，银行就可以按看起来像垄断者的方式进行运
作，而不用担心来自新银行的竞争。作为交换，政府获得了贷款。但是，对
于墨西哥经济的代价是巨大的，因为垄断者收取高利率，并比竞争性银行提
供的贷款更少。在纺织业——在像墨西哥这样的发展中国家是一个重要的行
业——贷款整体上只会贷给很少的与现有银行有亲密关系的企业主。结果使
这些企业规模庞大，企业变得臃肿，以至于无法高效运作，银行体系阻碍了
整个纺织行业。②

　　这三个例子说明了政府干预的困境，不管是左派支持者还是右派批评者
都无法成功把握，因为每一派都只是盲人摸象。事实是，政府干预金融市场

---

① 参见 Mahoney 2001。
② 参见 Maurer 2002；Maurer and Haber 2002；Haber, Razo, and Maurer 2003, 83-93。

总是受到，至少部分受到政治家向所偏爱的客户或选民提供租金的意愿的驱动。但是，即使这样，国家介入也能解决市场失灵。当所提供的租金的成本相对解决市场失灵的收益较小时，干预就是成功的。这一成功的标准，可能掩饰了不同租金（政治领导人方便使用的高速道路也可以被其他人使用，但是提供补贴的公寓却不能）之间的差别；尽管如此，它确实有一个好处，就是切中要害——把租金的净成本与发挥作用的市场的收益进行比较。

人们可能会想（特别是关于墨西哥这一例子），竞争会是这里当然的答案——这是一个让国家介入而不会引发很多寻租者的可靠方式。但是，一个特定金融市场的经济学可能会干脆排除竞争。例如，如果银行贷款的需求不足，当地的市场可能无法维持一个以上的银行，也许连这样的情况都不如。只允许一家银行运作（或者如有必要甚至给予这家银行补贴）可能是最好的政策，至少最初是这样，尽管那家银行会成为垄断者。例如，印度有过这种经历，当时，它要求银行在农村地区开办分支机构。新的分支机构扩大了农村的储蓄和贷款，尽管每一家分支机构都作为当地的垄断者进行运作。[①]其他的银行是不会愿意开设竞争性的分支机构的，因为利润会很低，即使开设分支机构，也不清楚增加的分支机构是否会明显增加贷款。总之，一个地方性的垄断者可能是可以期望的最佳方法，至少短期内是这样。

有时，竞争简直没有意义。看一看 19 世纪法国政府设立的银行，目的是鼓励工人和中产阶级成员储蓄。这些储蓄银行将它们所有的资金投资于短期政府债务，以利率溢价的方式提供补贴，提高了它们账户的收入。政府没有排除私人银行提供类似账户（虽然私人银行没这样做，也许是由于政府补贴），但是，它没有让自己的储蓄银行相互进行竞争。这样的竞争是没有意义的，因为它不会减少储蓄银行的成本或改变它们的行为。

虽然储蓄银行之间没有竞争，但是，这些公共制度确实使个人第一次有可能将其有限的资源进行投资。这些小规模的储蓄者不会直接购买国债，因为要求的投资下限太高了。他们可以将其储蓄存入私人银行，但是，对他们

---

① 参见 Burgess and Pande 2003。

中的很多人而言，银行倒闭的风险太高，是不能接受的。将账户开在储蓄银行，他们不仅能获得利息，而且在支出突然上升或其收入下降时可以支取资金。

当然，当政府干预金融市场时，竞争通常是成功的要素之一，但是，它不是万能的，使国家可以很容易修正市场失灵，而没有寻租的风险。有时，竞争可能是无法实现的；在某些情况下，它可能使市场失灵更糟。值得强调的是，持续的竞争是公共和私人机构之间复杂互动的结果，而不是一挥手就可以强制实施的某种最初的条件。竞争要出现，即使在有利的制度背景下，它也可能只是很多可能结果中的一种，每一种结果都取决于历史的偶然。

6.3　什么时候政府干预能够成功

因此，对金融市场进行成功的政府干预是可能的，但是，什么条件会使成功更有可能？换言之，什么可能使政府修正市场失灵，但防止它向贪心的受益人提供过多的租金呢？特别是，为了使成功更有可能，什么会是决策者寻求甚至是希望改变的？

我们的目标是，创立促进金融发展的公共制度。很多发展经济学家纠结于这一问题，以便刨根问底，为什么一些政府倾向寻租而其他政府确实解决了市场失灵？对于一些发展经济学家，最终的答案在于很久以前建立的制度或者社会结构。在他们看来，问题的根源可能在于，例如，法律体系——特别是，到底是基于成文的法典（欧洲大陆的成文法国家）还是基于判例（英国和美国的普通法国家）。或者，它可能源于种族分裂，源于基本的宗教信仰，或源于宪法的结构以及国家是联邦制还是集权制。一些国家可能完全受累于糟糕的制度和社会环境——看起来类似原罪在经济上的对等物——而其他国家不是这样，那么它们的政府就应相应采取行动。

因为强调长期确立的制度和社会环境，发展经济学家就可能发现，什么样的社会更有可能培育稳定的金融体系。这种信息对于理解经济增长的最终原因是很重要的，但是，它并非一定会帮助决策者，他们想以一种使金融市场繁荣的方式来指导（或甚至限制）政府干预。问题是，即使意愿最好的决策者也很少能够改造他们的宪法或宗教信仰或其选民的种族，因而他们也无法重新设计法律体系。此外，即使他们能够实施这样的革命性的变化，这种变化可能是如此的不稳定，以至于金融发展和经济增长本身会受到破坏。决策者通常要接受给定的长期确立的制度和环境，他们所能做的一切是提出政府干预的政策。

但是，这种有节制的努力并不一定使繁荣的金融市场永远遥不可及，因为有很多社会，尽管由非常不同的制度、法律体系、宗教和种族构成，但还是经历过金融发展（和经济增长）。例如，法国和美国，发展了先进的金融市场，尽管法国自法国革命以来就有一个集中的宪法和成文法法律体系，而美国则在差不多一样长的时期内处于联邦体系和普通法制度下。金融市场在日本很繁荣，其人口的种族单一，信仰佛教和神道教的人占主导。金融市场在法国和美国也很繁荣，但人口则较为多样，一些地方天主教占主导，另一些地方新教占主导。这些国家没有一个提供了现成的例子，告诉人们怎样拥有最好的金融体系或最有效率的公共部门和私人部门的分工。① 相反，它们说明，与繁荣的金融市场相融的制度和社会环境范围很广泛——是一个宽阔的"中场"，在这里，资本市场会运作良好。真正的问题是，是否可能采用一些政策，使国家纳入到这个范围。

历史表明，长期而言，答案是肯定的，但是，只有在某些条件下才有可能。虽然这些条件会随着地点和时间的不同而不同，但政治经济学的原则表明，有一些一般性的原则几乎总是会提升成功的机会。关键是要确定，遵循这些原则。只有当政治家有动力支持那种正确的政府干预时，这种情况才会发生：政府干预要修正市场失灵，而不是破坏市场或产生租金。决定政府所作所为的政治家并不天真，当他们选择糟糕的政策时，那是因为他们有动力这样做。

有三个条件可以大大地增加政府干预成功的可能性。第一，政府必须能

---

① 关于金融体系的差异，比较 Allen and Gale 2000 和 Demirguc-Kunt and Levine 2001；关于社会转移的巨大差异，参见 Lindert 2004，社会转移常常是私人金融服务的替代品。

够在不考虑公共财政的情况下处理私人信贷市场；它不应急需资金。第二，它必须有吓阻受益人失当行为的必要的信息，还要有根据这些信息采取行动的能力。第三，它必须有庞大的政治上强大的中产阶级。

这三个条件是基于前几章政治经济学的简单模型以及对历史的仔细研读而提出的。但是，它们并不是保证。它们使有效的国家干预变得更有可能，但是，它们无法确保成功。例如，意大利有一个庞大的中产阶级，但是，这并没有阻止意大利的富裕家庭利用政府介入银行和金融监管来保护他们自己的企业避开竞争。[①] 这三个条件也不能准确地规定政府担当的角色，因为有太多不同的方法来克服市场失灵或满足新的金融制度的要求。例如，人们可以假设，所有拥有繁荣金融市场的国家都要模仿美国并将政府的角色限定在提供必要的法律基础设施方面。但是，斯堪的纳维亚国家的政府担当了大得多的角色而没有抑制增长，它们的例子表明，美国的解决方案只是很多可能结果中的一个。[②] 我们的三个条件并不能预测，政府的角色是大还是小，它们只是使成功的政府干预变得更有可能。

人们可能有反对意见，认为，我们的第三个条件——庞大的或政治上强大的中产阶级的存在——是决策者完全无力改变的。像法律体系或种族分裂的存在一样，它可能是重要的，但它不能真正被修改。但是，这种反对意见忽略了一个国家可以培育中产阶级的所有方式，至少长期而言是这样。它可以采用鼓励储蓄的财政政策。它可以帮助建立按揭市场或抵押品可以交易的市场，这些市场会使私人中介更容易向企业主和正在进入中产阶级的其他借款人放贷。并且，它可以为教育贷款担保或提供资金，以便没有抵押的年轻

---

① 参见 Rajan and Zingales 2003，212–216。
② 西欧人均收入的演变在这里具有启发意义。在过去的 30 年中，西欧的较穷国家趋向于赶上较富国家，而整体趋势是趋同的，尽管国与国之间政府扮演的角色存在巨大的差异。例如，在过去的三十年中，英国和其他国家不断私有化，并大大地减少了政府在经济中的作用，而斯堪的纳维亚国家仍然是福利很高的国家。但是，两种国家都保持很高的收入水平。西欧相对美国也表现良好，特别是，如果人们考察一下每小时工作收入的话更是如此，这一指标考虑了经济学家称作"休闲"的东西（根本上讲，就是工作之外的时间）。这种休闲时间，欧洲人似乎很赞同，尽管人们很看重其价值，但仍不会把它纳入人均收入中。最后，最近统计试验（由 Peter Lindert 完成）表明，这些欧洲民主国家的经济增长并未因所有的福利支出而放慢。Lindert 认为，理由是，政府项目和支持这些项目的税收设计避免了对增长的负面影响。这一结果，事实上，是我们对具有庞大中产阶级的民主国家所期望的。参见 Organization for Economic Cooperation and Development 2001；Crafts 2002, chap. 2 and table 18；Gordon 2002；Blanchard 2004；Lindert 2004, 1：227–307 and 2：82–99, 172–193。

人也可以加入中产阶级。这些政策没有一个可以在一夜之间创造出庞大的中产阶级，没有一个会把尼加拉瓜变成丹麦，但是，它们都能帮助中产阶级成长。总之，它们能创造良性循环的可能性，在这种循环中，正确的政策不仅会（如通过设立抵押市场）直接促进金融发展，而且会扩大中产阶级，后者的增长反过来会更加促进金融发展。事实上，历史表明，这样的良性循环可以延伸到政府政策之外直至整体的制度。正确的金融制度可以推进金融发展，提升中产阶级，并一路走向更多的金融发展。

现在，人们也可能担心，这三个条件无关痛痒，但是，实际上，它们是很严谨的。破坏其中任何一个条件会减少政府干预和金融中介的私人创新之间正常的分工。几乎所有国家都在历史上的某些时点上破坏了这些条件中的一个，结果常常是金融危机。

6.4　成功的第一个条件：可管理的政府债务

我们已经知道，如果一个国家不受巨额债务之累，政治家是不会受到诱惑去掠夺金融市场的。此外，政府也能够提供金融市场繁荣所需的那种法律基础设施。政府会有足够的资金使法庭运转，支持产权，实施所需的法规。在需求不足，潜在的借款人缺乏抵押，或者当政府需要提供存款保险或救助陷入困境的中介的时候，政府甚至能介入金融市场。政治家还可能受到诱惑，代表强大的寻租利益集团介入。但是，即使这时，强加在金融市场身上的负担仍会比政府自身抽取自己本身的那点"血"要少。

但是，如果国家急需资金，那么它无法提供市场所需的支持。这在很多发展中国家是一个严重的问题，这些国家有成文的法律，但没有资金支付给法庭或实施。缺乏资金也可能使国家无法行使最后贷款人的职责，或无法提振不足的需求，或无法向没有抵押的借款人放贷。因此，长期的市场失灵可能仍得不到根治。

更糟的是，如果第一个条件被破坏，政府会受到诱惑去干预市场，以便获得它没有的资金。即使它不掠夺金融市场，它也可能产生可以没收或少量给予政治支持者的"租金"。这（正如我们知道的一样）就是为什么1897年墨西哥 Porfirio Diaz 政府最终将地方垄断地位赋予一小群政治上相关联的银行的原因。Diaz 需要资金来巩固他对墨西哥总统职位的把持，但是，如果他试图加税，那么他就会遭遇强大的地方领导人的反对。资金的另一个来源——海外借款——也是不可能的，因为墨西哥作为借款人有可悲的历史。国内贷款人也很小心，因为他们也在以前的国家违约中受伤。但是，如果 Diaz 能找到一种使他们相信并保证他们利润的方式，他们可能愿意向政府贷款。垄断做到了这点。它给予一小群银行家垄断利润，并且，因为 Diaz 及其圈内人也分享了租金，银行家们知道，Diaz 会支持这种安排。确实，Diaz 可以利用"租金"来争取地方领导人站在他的政权的一边。当然，大的输家是墨西哥经济。[①]

另一种选择方案是，受困于资金的政府可以干脆以我们在第1章中描述的方式对金融市场进行掠夺。我们知道，后果是破坏性的。例如，回忆一下，英国和法国所采取的截然不同的道路。到17世纪末，英国在财务上已资不抵债，并且，它停止了对金融市场的掠夺。与之相对照，法国政府急切需要资金，使它对一部分债务阶段性地违约。其财政的悲惨状况使国家无法创立那种英国政府在伦敦帮助建立的集中的国债市场。原因是担心：如果建立这种市场，对国债公开报价，它就会立即反映出法国政府财政有多么危险。后果意义重大：巴黎的私人金融市场落后伦敦一个时代。

6.5 成功的第二个条件：充分的信息

如果政府真的干预资本市场，它就会需要信息。不管它修改法律或直接进行金融交易，它都要知道，法律是否被冒犯，在金融交易中是否被其他当事人所利用。它也需要根据这些信息来决定行动的手段，特别是惩罚不当行

---

① 参见 Haber, Razo, and Maurer 2003, 42–51, 83–93。

为的手段。总之，它要有一个有效的政府或官僚体制，一个有充分融资和足够的权力来顶住政治压力的体制。这一官僚体制必须能够跟得上那些试图利用政府及其法规的企业和个人的步伐。事实上，它会参与到像企业和个人的军备竞赛一样的活动中去，后者会发挥无尽的才智去破坏政府信息的质量及其实施规则的能力。

在这场竞赛中，起草法律来防范未来的危机的国家受其习惯所阻碍，从最近的过去得出信息，并作为其立法的基础。在这种情况下，历史经验可能会误导，正如对于私人金融中介的情况一样。例如，回忆一下，阿根廷所发生的情况，在 20 世纪 90 年代初期阿根廷将其货币与美元挂钩，以便遏制恶性通货膨胀（hyperinflation）。改革确实使通胀受到控制，但是，由于使比索贬值变得很困难，就束缚了政府的手脚，从而使阿根廷更难防范 2002 年末的下一次危机。像很多私人中介一样，政府官员也许忘记了，下一次危机不一定与刚过去的危机完全一样。

如果政府超出颁布法规的范围，开始做一些像贷款这样的事情，它就要确定，借款人是否能很好地运用其贷款，以及他们是否可能违约。人们可能想象，国家有比私人金融中介多得多的关于借款人的信息，对确实违约的借款人有这么多的权力（毕竟，它可以按照人们想象将赖账者投入监狱），以至于国家不会遇到贷款没有偿还的问题。确实，人们甚至可能想象，国家对银行的所有权会是防范金融危机的手段，因为什么样的贷款人（原文如此，应为"借款人"，译者注）胆敢对国有银行的债务违约？但是，在现实中，银行的国家所有权并未被赋予防范金融危机的保护手段。如果有的话，相反的情况似乎是正确的，至少在发展中国家是这样。①

一个原因是，如果有影响力的借款人和中介可以通过游说来避免惩罚，国家能强制实施的严厉的惩罚手段可能证明是没有意义的。此外，政府的信息有可能没有看起来那么广泛。如果政府保留收入、产权所有情况和抵押的官方记录，那么它可以拥有比私人中介更多的关于抵押和信用历史的信息。

---

① 参见 Caprio and Peria 2000；Barth, Caprio, and Levine 2001, chap. 2；World Bank 2002, 84-85, 202。

但是，所有这些记录都来自过去，并且，它们常常没有反映借款人正在进行的新的项目的情况。更糟的是，记录不会包括所有金融市场中关键的非正式信息——那种银行家善于收集的信息。例如，19 世纪的政府可能知道，一个农民是否按揭了其产权，但是，它可能不会知道，他是否是一个好的农民，或是否有还款的声誉。与之相对照，一个当地的银行家却可能知道这样的事情。政府官员根本就没有所需的那种接触，以便从企业界得出这种信息，而作为一个群体，他们有可能并不比私人金融中介，能更好地获得信息。

即使政府项目没有遇到最初的信息方面的困难，随着时间推移，困难也会累积。在 20 世纪 60 年代初期，韩国政府开始对那些在战略地区建立工厂以及出口产品的企业进行补助——这是该国发展奇迹的第一步。政府知道，它缺乏有关这些企业实施投资计划的能力的信息，为了保证资金不被浪费，它就向过去成功的企业提供更多的信贷。这种激励措施的确促使企业成功，而业务兴隆的企业——这种大型企业被称作"chaebols"——迅速发展。但是，这一计划整体上有一个基本的缺陷：一旦韩国大型企业变得足够大，它们只要将成本从失败的项目转移到成功的项目上就可以轻易地向国家隐瞒任何一个下属企业的表现。政府自身的动力鼓励它们这么做，因为反映失败情况会危及未来的补贴。只有当 1997 年收入暴跌时，真相才最后出现，但是，到那时，"chaebols"已损害了韩国的整个金融体系。如果政府拥有更多信息，它就不会被迫以过去的方式设立激励措施的结构，它也可能能够迫使"chaebols"裁减亏损的项目，从而避免金融危机。

最后一个问题是，获得这种信息的成本（这种信息正是像韩国这样的国家所需要的）。政府要决定，它们是否会在干预前为这种成本付款。如果不会，它们干脆就要限制它们做的事情，因为，没有信息，它们就会鼓励接受者、金融中介或政府雇员采取潜在的具有破坏性的战略性行为——这些战略性行为，常常足以带来自身的金融危机。

6.6 成功的第三个条件：一个庞大而强大的中产阶级

要使对金融市场进行的国家干预取得成功，就要引导政治家做两件事：进行干预以便修正市场失灵，通过使寻租最小化保持干预成本的低水平。

中产阶级的成员是最有可能施加这种压力的人。他们会施加多少压力取决于中产阶级的规模、其政治权力的程度、其成员被政治家或积极分子动员的程度，也取决于现有的政治制度——特别是，政治家必须对其选民进行反应的程度。在一个非民主的体制下，中产阶级只能间接地施加压力；在民主社会，如果中产阶级规模庞大，政治家就不能忽略中产阶级的担心。

为什么中产阶级有可能对政府施压？理由很简单：正如我们从资本市场的简单模型中知道的一样，中产阶级的成员对金融创新的需求比富人或穷人要大。因此，在私人中介达不到完成任务的要求时，它们会急切需要政府干预并修正市场失灵。它们会奖励那些克服金融市场中的问题的政治家。在最低程度上，它们会希望政府提供繁荣的金融市场需要的基本的公共产品：产权的保护、合约的执行，以及迅速的、可预测的对那些私人当事人不能依靠自身解决的争议的裁决。它们也希望在金融中介不能就市场失灵的常见的解决方案达成协议时由政府介入。它们可能非常希望政府应对其他金融市场的困难：需求不旺、无法通过保险进行冲击的防范，或借款人在有技能或受过教育但缺乏足够的可以用作抵押的资产的时候面对的障碍。

中产阶级的成员有可能同情这样的借款人，并关心金融市场中几乎所有的失灵情况。他们的理由是，在其一生中，他们有可能是借款人和储蓄人，或企业主和投资人。当他们年轻时，他们会希望借款，以便为教育融资、购买住房、开办企业，尽管他们可能尚没有任何的抵押。随着他们变老，他们会储蓄和投资，并且，他们会希望利用其投资来为老年生活提供支持。人们可能会说，在中产阶级的个人之间会有鲜明的区别——例如，较年长的成员，不再关心影响借款人的制度，因为他们借款的日子结束了。但是，即使他们自己借款的日子可能过去了，但他们有可能有孩子或亲戚想要借款，并且，因为他们可能很容易看到他们自己或家族成员想要借款或投资，所以，他们有可能支持几乎所有使信贷市场繁荣的公共和私人的措施。同样的论述适用于广义的金融市场——例如，适用于保险市场。在决定是否支持政府干预保险市场时，中产阶级的成员会求助于他们自己家族的经验——求助于随时可以获得的关于像他们自己那样的人在保险市场不能正常运转时面临的困难的新闻报道。类似的推理会使他们更加从整体上支持必要的政府干预。

但是，他们对政府干预的支持也会有限度。特别是，中产阶级的成员会希望保留他们或其亲戚已进行储蓄的东西。因此，整体而言，他们会反对政府没收财产的计划。如果政府再分配不能带给中产阶级利益，作为他们所交税款的交换，他们也可能会止步不前。

中产阶级也会担心政府干预金融市场的成本。理由是，即使一些成员会从政府项目中受益，很多其他的成员也会最终承担成本。他们要避免税收实在太难了。与富人不同，他们支付不起设立避税港或将资产转移到国外的固定成本，并且，在任何情况下，他们中大多数要在当地市场中工作或经营，在这种市场中，税收是不可避免的。由于他们最终要承担这一成本中的很大一部分，他们会希望限制寻租，将政府干预限制在可以改善私人中介能够提供的那种创新的情形的范围内。因此，他们会支持必要的政府干预，但是，绝不会达到完全抑制私人金融中介创新的程度。理想化而言，他们会让国家与私人中介以一种限制寻租的方式一起参与金融市场。

应当承认，几乎总是有一些中产阶级的成员会使自己获得"租金"，如美国获得廉价政府贷款的小商人，或几乎所有西方民主社会中受益于价格支持的农民。一般而言，这些利益源于针对经济中的较小产业或一度被视为战略性活动的计划。但是，如果中产阶级相对社会中的其他群体较为庞大，那么，就会有很多中产阶级的其他成员不能从这类计划中获得"租金"。他们会避免使这些项目的成本不断上升而失去控制，因为，考虑到中产阶级的规模，他们最终会承担成本。

庞大的中产阶级会有更好的机会让政治家采用他们赞成的金融政策，至少在民主社会是这样。唯一的真正障碍将会是较小的特殊利益群体——主要是金融中介和富人——他们会受到金融立法的影响。这些群体会较容易组成一个游说群体，政治家可能更喜欢服务于他们的利益，特别是当这样做会带来竞选赞助时更是这样。

在非民主社会，代表中产阶级进行国家干预的可能性较小，即使这一群体规模庞大。中产阶级的成员是否能得到他们想要的金融制度，取决于他们是否有政治力量。毫不奇怪的是，最早的金融中心（中世纪的威尼斯和 Genoa，16 和 17 世纪的安特卫普和阿姆斯特丹）都是我们称为中产阶级的成员——商人——施加相当大的政治影响的城市。像银行家一样的金融中介也很有影响力，但是，它们关心的是为中产阶级商人服务。[①] 因而，早期金融中心的中产阶级有足够的力量来让政府支持金融市场。

6.7　危机和政府干预的变化

政府在资本市场中的角色有很大的变化，令人惊奇的是，这些国与国之间的差异随着时间推移常常会持续下去。它们甚至在最近金融行业的一波私有化中幸存下来。历史事件（如过去创立的具体制度，或者使之前的制度性变革实施到位的持久的政治联盟）似乎使国家的角色冻结了，只有较大的冲击或危机才能改变。

政府的所作所为与私人中介的所作所为之间的界线的变化特别缓慢。以证券交易所为例：巴黎交易所自 19 世纪初以来就是政府所有的，而纽约股票交易所是作为私人实体设立的，尽管出现大萧条以及其他动荡的时刻，仍保持这样。

在另一个金融市场——为当地的公用事业部门筹集的资本设立的市场——模式正好相反，但是一样的持久。公用事业——可能提供水、电力或运输——消耗巨额的资本来建设水电站和总水管，设立电网和发电厂，建设铁

---

① 很多的银行家事实上本身就是商人。历史学家可能在谈到中世纪或较早时期现代城市的中产阶级时，把他们都看作是无政府主义者，但并非如此，前提是，我们应记住本书中有效的定义（该定义关注的是一个人拥有的财富的数量，以及其资产组合的多元化情况），而不被"中产阶级"这一术语的通常用法所迷惑，来描述 19 和 20 世纪社会。

路和高架桥。尽管 20 世纪晚期进行了一些私有化，市政府和美国其他的地方政府的机构，自 19 世纪晚期以来就拥有大多数水利系统和很多城市交通和电力系统。这些政府实体借入巨额的资本，用于私人市场可以提供的服务——所有这些都是在明显的自由放任的经济中进行的。与之相对照，在法国，市政府和其他地方政府常常与私人公司签订合同，来提供公用事业服务；直到第二次世界大战，交通和电力发电都是私人所有的，供水到今天还是这样。这种形成鲜明对照的模式由历史事件决定，这些事件影响了地方政府进入资本市场的能力。在美国，由于其联邦制度和分权制的政府的传统，单个州长期都允许地方政府机构根据一些法规征税。[①] 因此，城市可以通过将其未来税收收入按揭进行借款，并筹集所需资金，来设立公用事业服务。与之相对照，在法国，在革命之前、期间和之后的体制都使城市和其他地方公用事业服务实体很难设立或提高税收。没有税收收入作为借款抵押，法国的地方政府不能发行债券，因而，不能设立公用事业服务。因而，政治制度历史上的不同持久地规定了地方政府不同的角色，不仅仅是提供公用事业服务方面的角色，而且包括进入资本市场方面的角色。

危机提供了罕见的机会，将源于过去的遗产抛在一边。在法国，第二次世界大战使当地的公用设施面临重建的大量工作，因为它们的资本物资被战争本身以及大萧条后一五年最低的投资严重损害。中央政府认为，重建交通和能源输送的基础设施会使经济复苏很匆忙。由私人部分负责这一投资会没有效率，政治家相信，因为法国资本市场一片狼藉，银行大体上处于资不抵债状态，股票市场死气沉沉。但是，法国政府能够并且的确在海外借款，主要是从美国。因而，中央政府接管了很多产业，包括铁路和电力，此外，它于 1945 年 12 月将银行私有化。如果我们用整个 20 世纪 60 年代法国经济的增长来衡量，政府的干预非常成功。政府的新角色也很持久：直到 20 世纪 80 年代，银行仍未被私有化，国家电力公司仍在政府的手中。

虽然在较平静的时期也发生了变革，但是，危机的时候，政治家、游说

---

① 参见 Troesken and Geddes 2003；Cutler and Miller 2006。

群体和公民自身都是最有可能推动政府改变其传统角色的时候。它可能直接干预金融市场，正如第二次世界大战后法国发生的一样，或者，它可能强制实施新规则，正如大萧条时期，以及较近时期在一波公司丑闻和因特网泡沫后，美国发生的情况一样。或者，它甚至可能撤出金融市场。

国家以这些不同的方式作出反应的一个理由是，危机提供了关于公共和私人金融制度灵验程度的关键信息。这些信息对于政治家和政府官员当然是有价值的，但是，它对于公众常常价值更大，如果不是这样，他们对于公共政策的大多数细节常常未被告知。因为典型的个人想要改变公共政策通常无能为力，甚至在民主社会，大多数人都没有动力去了解政府能胜任什么。虽然由于心理和政治的原因，金融危机可以使政府的所作所为的神秘细节变成突出的公共问题。从心理上而言，危机奉献给个人的是惊人、随时能获得的例子，说明他们可能会发生什么情况，即使他们个人没有受影响，危机已会夸大他们面临的实际风险。知道了这一点，政治家和政治活动家就会利用这种形势动员公众采取政治行动。①

危机能披露什么样的信息？危机可能暴露保险或多元化太少，或者私人中介的弱点，并推动政府干预这些领域。另外的情况是，危机通过证明国家本身要为危机负责而可能使政府干预戛然而止。或者，危机可能反映出，某些公共金融政策效率有多低，并促使政治家来改变这些制度，正如 20 世纪 80 年代美国储蓄和贷款危机时发生的情况一样。存款保险和放松管制共同作用，通过鼓动储蓄和贷款机构经营者承担过多风险甚至劫掠他们自己的银行，造成了危机。当联邦政府最后干预时，它没有使自己直接介入储蓄和贷款业务。相反，它关闭并出售了资不抵债的储蓄和贷款机构，然后改变法规，消除了对不当行为的激励措施。

政府新的金融角色——如离开或进入金融市场或强制实施法规——并不总是受危机的促动；它见证了整个欧洲创造了统一市场的金融制度的重要改革。但是，通过使改革和干预的问题变得突出，危机常常促发方向的转变，

---

① 参见 Noll and Krier 1990。

这本身可能会持续数年。因而，对政府怎样对待金融市场的理解仍需要在历史和政治经济学之间走一条中间道路。

6.8 政府干预的解释

本章中列出的大多数例子来自 20 世纪。当然，在 1900 年以前有国家介入金融市场的例子，但是，令人惊奇的是，自此以后政府介入的程度越来越深。政府甚至通过世行和国际货币基金组织这样的机构介入其他国家的金融市场，一些这样的国家干预本身，促发或加剧了金融灾难。但是，不管好坏，政府干预金融市场的情况似乎不断增加，并且，它可以追溯到历史的偶然性上。

政府担当更大的角色，大部分是冲击的结果。冲击可能使国家濒临财政危机的边缘，并使国家对金融市场进行掠夺。它可能突然暴露出市场失灵，并引发对新的政府监管的要求。或者，它可能迫使国家为经济中遭受沉重打击的产业提供资本。由于政治或经济的原因，政治家可能决定，他们负担不起让私人中介来重建经济中重创的产业的代价。相反，他们让政府介入进来。

这种动机已使发达国家和那些仍很贫穷的国家的政府介入金融市场。尽管政治干预的步伐在世界的这两个地区比较类似，但富国和穷国的结果一点也不相同。不同的结果反映出我们关于成功的政府干预的三个条件。在日本、欧洲和北美的富裕国家，成功的三个条件尽管有冲击通常也是成立的，但很多较穷的国家并没有这么幸运。

第一次世界大战使国家部门大大扩张，吞噬了世界上所有的富裕国家，特别是英国、法国和德国这三个国家，他们是 19 世纪重要的资本输出国。打仗的支出迫使国家增加税收，并大规模借款。政府也脱离了金本位，印制更多的钞票，钞票不再由贵金属支撑。最终的结果是通胀，通胀使政府债权人付出了沉重的代价。

加税和通胀可能是预期中的，但是，战争的激烈程度和持续时间之长使国家以闻所未闻的方式介入金融市场。甚至是英国，其政府属于最有约束的政府之列，也强制对美国股票和债券的所有者征收了特别税。这些税旨在使这些投资者向女王交出美国证券，以换成英国国债。然后，英国政府就可以利用美国证券来买战争所需的美国商品。在法国，随着国家全力以赴打仗，国家控制了投资，尽管在战争的头几个月就已丢失了很多的国家的工厂。政府也管理在德国、奥地利和意大利的投资和资金流；虽然战争对美国的政府干预的影响较小，但是，美国财政部的确向盟国提供了直接贷款。战争表明，政府干预在紧急情况下证明是很有效的，并且，管理金融市场对战争是很关键的。虽然所有的交战方都想要回到私人资本市场，但在这一市场中，当战争停止时，政府干预的正面的战时经验，会鼓励其找到应对下一次大危机的公共的解决方案。

这一危机十年后随着大萧条一起到来。一旦私人企业和个人看起来很清楚不能应对问题时，危机就会驱动政府大规模干预。政治家和很多公众确信，市场整体上——特别是资本市场——是不稳定的，易受到大规模倒闭的影响。人们相信，政府可以提供解决方案，人们坚持这一想法，尽管国家政策常常是不连贯的，而政府实际上由于固执地坚持金本位使危机糟糕得多。

在西方民主社会中，也许正是在美国，国家对大萧条的反应是最剧烈的，至少对于金融市场是这样。国会听证会探讨了华尔街看起来靠不住的做法，随着银行的一波倒闭，听证会帮助 Franklin Roosevlt 政府创立了新的金融制度，建立了证券和交易委员会来监管股票和债券市场，并使交易透明——在一个之前由单个州负责证券监管的国家，这是一个新鲜事物。联邦政府也设立了存款保险，收紧了银行监管，这些措施，与其他原因一起，大幅减少了银行倒闭的比率。但是，Roosevelt 政府没有将自身限制在证券和银行业的立法范围内。它对产业进行监管，希望避免与过多竞争或过多产能相关的不稳定。它设立了社会保险，一个几乎普遍的政府养老计划。在不同程度上，欧洲民主社会亦步亦趋，苏联的快速经济增长似乎更有力地说明了政府干预是成立的，因为苏联似乎逃避了大萧条的大部分影响，至少对于那些忽略了独裁和集体化的恐惧的观察家们来说是这样。所有的政府似乎表明，干预是减少风险和促进经济增长的方法。

第二次世界大战更有说服力，使政府干预能站得住脚，大部分的原因是由于军队现在需要规模大得多的武器库存和其他资本产品。干预金融市场的需求在战后甚至变得更为强烈，至少在欧洲大陆是这样，这里，大多数私人金融中介资不抵债。欧洲人要重建的不仅仅是工厂和基础设施，而且还包括金融体系——这一任务艰巨，支持其政府发挥引领作用。作为20世纪50和60年代减慢工资增长的政治讨价还价的一部分，大多数欧洲国家扩大了政府医保、失业救济金和养老计划。欧洲国家用于这类项目的平均金额从1930年占国内生产总值（GDP）的1.2%上升至1960年的11%。[①] 这些政府保险和养老计划上的开支，在第二次世界大战后在加拿大、日本和美国等其他富裕民主国家，也有增长。政府教育资金也是这样，正如美国的《G. I. 法案》和学生贷款计划一样。可以说，教育支出，帮助很多年轻人积累了人力资本，这正是私人市场不愿意提供资金的地方。

国家干预并不限于两次世界大战的富裕的交战国。例如，拉美政府曾长期运用税收政策来促进工业发展，但是，随着大萧条的到来，它们建立了开发银行，旨在通过担保私人贷款或把资金直接注入经济来培育增长。其他发展中国家的政府也建立了国家控制的金融产业，特别是在独立切断了它们与殖民银行的联系之后也是这样。有时，正如在亚洲的部分地区一样，这些国家也享有竞争力较强的私人银行和不断成长的股票市场。但是，在这一私人部门的边上潜伏着一个庞大的国家金融机器，有时以推动出口作为幌子。在第二次世界大战后，政府干预金融市场已变为发展中国家的标准解救方案。这是经济顾问所建议的东西，是政治家们为了赶上日本、欧洲和北美的富裕国家而追求的东西。对于自然地怀疑自由市场的最新独立国家的领导人，这就特别有吸引力。

整体上，政府参与金融市场的记录好坏参半。一方面，在中产阶级庞大的社会，甚至在第一次世界大战前，资本市场就已获得很好发展。这些社会

---

① 参见 Lindert 2004，table 1. 2。这些数据包括住房的支出——对穷人资助的另一种形式，但是，他们遗漏了对政府工作人员和士兵的养老金的统计。

已有创新的私人中介，它们已拥有金融交易所依靠的政治的、法律的基础设施：法庭、法律法典、监管机构以及实施合约和产权的政治支持。对它们而言，较多的国家干预整体上是有益的，尽管偶尔会施加沉重的代价，正如在美国储蓄和贷款机构崩盘中的情况一样。这一结果并不意味着政府和私人中介之间的分工总是最优的，或者，具有庞大中产阶级的社会能逃避寻租。但是，它们经历了经济增长和金融创新，当这些国家的某一政府的政策，证明起阻碍作用或成本过高时，它通常会被改革（正如美国对跨州银行业的禁令一样）或取消（正如欧洲银行的国家所有制一样）。中产阶级的选民不会对效率非常低的状况容忍很长时间，他们产生的对金融创新的需求使政府回应并支持增长。

在贫困国家，政府干预金融市场仍不成功。较穷国家的政府常常比富裕国家的政府干预更多，但是，它们的努力并不总是带来增长，甚至带来增长时，它们的政策也会助长引发很多危机，其成本按相对规模远远超过类似美国储蓄和贷款灾难这样的损失。根据 Charles Calomiris 的统计，在 1982 年和 1998 年之间有 90 次金融危机，主要发生在亚洲和拉美。在其中约 20 次危机中，损失超过国家 GDP 的 10%。比较而言，美国大萧条期间银行倒闭的损失只有 GDP 的 4%，而储蓄和贷款救助的代价"大抵一样。"[1]

穷国有这样好坏参半的记录，有几个原因。首先，那里的政府干预本身产生了反常的激励：政治上相关联的个人可以按优惠条件借款，因为国家直接提供资金或担保贷款；借款人和向他们发放担保贷款的银行没有理由谨慎行事，因为它们知道，政府会救助它们。此外，在大多数较穷的国家，要么有极小规模的中产阶级，要么，就算中产阶级庞大，他们在政治上也很虚弱，因为政府是不民主的。在没有强大中产阶级的情况下，政治家没有理由停止寻租和浪费资源的政策。

还有更糟的，尽管这些国家为贷款担保或直接放贷，但它们并没有创立长久以来支持富裕国家金融市场的那种政治和法律的基础设施。在一些情况

---

① 参见 Calomiris 1998。

下，它们可能能够承担得起这样的基础设施，因为它们从未设计有效的财政官僚体制，所以缺乏所需的税收，使法庭运转，或实施法规和产权①（缺乏收入也会使它们在经济冲击期间承担更多的债务，并诱使它们对金融市场进行掠夺，这又会形成另一个障碍）。但是，甚至确实有充足收入的国家，也会常常拒绝设立基本的政治、法律基础设施，相反，它们会选择参与放贷和担保的业务。也许放贷和担保会产生迅速的政治回报，这一回报是有形的。建立法律体系或有效的产权会很多年都没有回报，要一直到市场繁荣时才有。很多穷国的政府没有这么长的任期。确实，富裕国家的政治家可能同样短视：他们的视野可能不会超越下一次选举。但是，富裕国家已有基础设施，在回应中产阶级的需求与选举的力量的过程中不断成长。因而，较穷国家现在面临的挑战，不是把政府赶出金融市场，而是重新将能量指向富有成果的目标。

---

① 参见 Bates 2001。

第 7 章

结论：历史教训

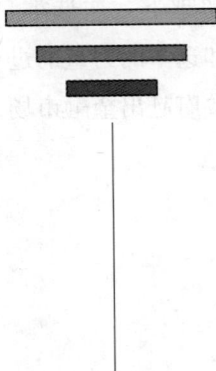

危机是不可避免的，历史证明了这一点。危机并不仅仅是久远的过去的特征，或者说是金融体系在病理意义上的特征。确实，对于今天的经济增长起关键作用的复杂的资本市场，被证明甚至更容易遭受金融灾难的冲击。

历史也告诉我们其他的教训。历史表明，一套制度不可能解决所有的金融问题。危机发生后采取的改革从来都不是完美的；改革不可避免地要与寻租行为进行权衡，改革也几乎总是会产生空前的后果，直至危机过去的很长时间。但是，当设立新的金融制度以后，一些东西肯定会比其他东西更为重要——特别是，信息、国债的水平和中产阶级的规模。国债规模特别高，或是信息的水平很低，都与成功的改革背道而驰，而庞大的中产阶级则恰恰相反。最后，有利于中产阶级的国内金融市场，被证明比国际金融市场更为重要。如果通过正确的政策和正确的金融制度来培育这些国内金融市场（在拥有庞大中产阶级的民主社会中更有可能产生这一结果），那么就会形成良性循环，结果是，金融发展使中产阶级更为庞大，而更为庞大的中产阶级反过来又进一步促进金融发展和经济增长。

我们并不是通过分析当代大量的数据得出这些观点的。那种研究当然有用，但是，由于那种研究受时间所限，对危机和制度产生的所有影响，或是对长期的金融发展，不可能涉入很深。我们的方法完全不同。我们从政治经济学中找到工具，并将这些工具运用到金融危机以及长期金融发展的历史之中。通过这种解析历史的方法，我们会得出结论，并恳请读者进一步检验和自行运用。

无论如何，历史确实有一些有用的东西可以清晰地告诉决策者。这一点是恰当的，主要的原因是，金融制度的发展需要很长时间。的确，一些学者认为，金融制度变化速度很快，变化的方式往往独立于过去。在他们看来，历史是不重要的，因为任何国家或私营机构可以在任何时点上自由选择其金融制度；可以只是照抄成功的竞争对手，如果愿意，也可以设立全新的金融制度。要确定什么是最佳的金融制度，人们只需审视较近期的过去——这一阶段，数据如此丰富，以至于可以进行细致的统计分析，来了解不同规则影响金融交易的方式。

但是，这种狭隘的方法有两个关键性的缺陷：其一，这种方法忽略了历史对任何金融体系的支配：资本市场就是无法挣脱旧的制度和其他遗留下来的东西（如经久不衰的政治联盟）的束缚。其二，更糟糕的一点是，它无法解释一些国家或机构长期以来就是比其他国家或机构更为成功的原因。如果什么样的金融机构最佳这一点是显而易见的，并且如果很容易照搬照抄，那么，为什么还有这么多的金融体系会崩溃呢？

截然相反的观点——历史是一切——同样也是没有根据的。对于持有这种观点的人，国家和组织在一种宿命中煎熬：某种古代的事件将它们推入无法逃避的轨迹；它们的制度被政治僵局所困，要改变长期的行为约束规则的成本很高。

在前几章中，我们对"自由意志"和"宿命"两种阵营都提供了替代方案。我们的方法提供了一个中间地带，我们承认，虽然制度性结构具有韧性，但它们也会变化，尽管变化速度很慢——长达一到两个时代，或者换个角度说，时间跨度超过十年。不能逾越的危机可以将一个国家推入长达一个时代的衰退之中，而同时，要建立起成功的制度又要假以时日，以便能培育金融发展，并能经受住冲击，而不会使国家重陷危机。金融制度能否经受一系列的冲击，需要一段时间才能知道。设立信用报告体系或抵押登记制度也需要时间，以便提供必需的金融信息；确保这些信息是否经得起考验也需要时间；中产阶级能够累积起财富用作抵押品也需要时间。当然，政治制度的到位也需要时间，以确保健康的公共财政和合理的产权保护。

7.1　为什么历史对于政策很重要

对于金融发展，时间是按时代来衡量的，这一点对于公共政策而言具有重要的影响。每一个国家都有其特性，影响其金融结构。这些特性可以是物质禀赋，如自然资源或气候，能使其经济以及经济必定会面对的冲击定型；也可以是社会特征，如族群或宗教冲突，或是历史遗留产物，包括殖民主义和过去的通胀的阵痛；或者，也可以是过去曾帮助确保金融交易的制度。为进一步促进金融发展，政治家和企业家必须考虑的是，摒弃负面的遗产，是对过去运作良好的制度进行修补并加以改进，还是推出一套全新的规则。但是，要作出这些决定，他们必须细细品味一个国家的特定历史。

但是，要这样做，他们不应仅仅依靠其自己所在国家的历史，也不应仅仅依靠任何单一一个国家的历史。虽然那样做可能会满足其民族例外论（national exceptionalism）的冲动，但是会促使他们犯下可怕的错误。从单一一个国家的历史中可以吸取太多太多的教训，细节很丰富，但是对于哪些是最好的制度要作出有用的归纳是很难的。相反，他们应运用不同国家的历史经验，以便消除错误的推论，累积起丰富的有用的判断。

此种对比较历史学的探究，需要考虑尽可能不同的经验，而不是像很多有关金融体系的文献那样，仅仅依赖近期的历史。只有历史可以作为揭示制度变革的长期影响的试验场。

7.2 历史、信息、公共债务和中产阶级的规模是怎样相互作用的

金融专家常常认为，他们站在一个新时代的开端。他们会指向正在发生的变革，这些变革标志着与过去根本决裂——资本主义的兴起、工业革命，或者更近期的，因特网的新经济。今天，他们可能单独列出三种改变经济和金融市场的新式力量：势不可挡的全球化，惊人高效的计算机技术，以及资本不断增长的价值。这种价值不是体现在冒烟的大工厂里，而是蕴含在经济学家们称作人力资本的知识和技能之中。因为这些力量在过去似乎都是无与伦比的，专家们因此可能得出结论，认为过去的经验对于改进未来不再有任何意义。尽管历史也许会帮助我们理解我们现在所处的阶段，但人们仍可能认为，历史对于我们奔向何方并无发言权。

没有什么会离事实更远。虽然，未来会不同，我们在本书中所强调的因素——信息、国债和中产阶级规模的大小——会对金融发展的进程继续产生影响，并在未来继续影响金融危机的范围和频率。这些因素会限制全球化、计算机技术、价值日益重要的人力资本的新力量发生作用，并确保我们今天看到的变革将永远不会独立于过去。变革可能是迅速的或惊人的，但是变革总是与历史相关联的。

我们可以通过审视我们强调的每一个因素而得到同样的发现。我们从国债开始。与 18 世纪和 19 世纪形成对照的是，大多数国家今天不会面对为国债创造市场的困难：市场已经存在，国内的和海外的都有。相反，它们面对的重大危险是依靠国债作为社会和经济问题的简单的解决方案的诱惑。这一危险已使富裕社会（例如意大利和比利时）和贫困社会（阿根廷是一个明显的例子，尽管问题的规模超出了意大利或比利时已经遭受的一切）一样

着了魔，这也威胁到很多其他的国家。虽然金融市场的全球化以及国债的无处不在，已经改变了国债的政治经济学，但政府仍然发现，要远离危险区是很难的。确实，伴随全球市场的出现，会有更多的贷款人争相投资国债。

国内的政治团体在使各国远离债务和违约方面发挥着关键的作用。首先，当地的政治活跃分子比国外的政治活跃分子对政客曾经施加的压力要大得多，要求尊重债券持有人的财产权。无论如何，只有在一个国家关心在海外举债时所面临的价格条件时，这个国家才会尊重外国人的财产权。其次，因为一个国家的大多数资产由其居民拥有，他们在保持公共财政平衡方面承担了最大的风险。甚至在全球金融市场的背景下，要避免国债不断攀升而失去控制，仍取决于政治上强大的团体的存在，这些团体拥有国债并依靠国内金融市场——换言之，也就是中产阶级。国际资本市场也许使政客在短期内比较容易忽视中产阶级。政府可以经常以并不昂贵的成本短期内在海外融资，而发展国内市场服务于中产阶级则耗时又费钱。但是，一旦我们认识到，公共财政的大多数问题来自于政治活跃分子的决策，开发国内的资金来源方面的投资就会产生更大的意义。拉美由于长期缺少中产阶级，其糟糕的财政和经济表现，是一个历史的教训，今天依然起作用。

如果我们考虑私营金融市场，全球化同样不能解决所有问题。确实，国内市场的国际替代品比任何时候都要多，但是，仍然只有有限的企业和个人可以接触到全球市场。对于大多数的企业和个人而言，他们可以融资的唯一市场是国内市场。因此，国内市场仍然重要。① 稳健的公共财政与私营信用市场之间的主要联系仍会适用：公共财政危机促使国内资本市场严重萎缩。在发生这样的危机以后，资本市场可能要十年才能恢复。因此，如果没有庞大的中产阶级推动稳健的公共财政，危机会继续袭来，原因是政客没有动力来避免危机。与过去的唯一差别是，危机的后果可能更为严重，因为资本外逃现在要容易得多。诚然，一度避免富人之外的所有人将资金汇往国外的固

---

① 人们可能会说，当政府遭遇糟糕的公共财政时，国际市场为当地机构提供了替代品。例如，由于可以进入国际资本市场，银行不再需要依靠国内公共债务获得流动性资产作为储备。但是，这种替代并不重要，而且只有在国家允许银行持有外国资产作为储备时才会出现——而当信用状况不佳时是不可能这样做的。

定成本，现在已下降很多，以至于中产阶级的一些成员现在也能这样做了。

因此，公债会继续影响金融发展和危机的可能性，其方式会使历史变得有意义。金融信息会怎样呢°半个世纪以前，几乎所有金融交易中运用的信息是通过手工录入登记簿的，只有专家能以高昂的成本重新获得。结果，只有跟踪可以用作抵押品的极其有价值和耐用的资产，才值得去做。但是，今天，计算机已减少了收集信息的成本，甚至在更大程度上降低了重新获取信息的成本。因而，人们完全可以想象，新的信息制度可以很快到位，并且这些新的信息制度会比旧的制度更为有效。

尽管新的计算机技术大大改善了汇集信息的能力这一点毋庸否认，但要消除危机的风险或急剧地改变金融市场增长的步伐仍然是不可能的。首先，尽管有了更好的技术，金融市场仍然是不完善的，原因至少有两个：一是个人永远不会拥有签订合同所需要的全部信息，它们涵盖了所有可能发生的每一种意外。二是市场的扩张和成型，会反过来产生新的不可预计的不对称信息的问题，使金融发展进一步放慢。因此，计算机技术不会带给我们全新的方法来加快金融发展。

还可以想到的其他理由，也说明金融发展的时间进度不会发生大的改变，最最重要的是，随着市场的增长，政府机构会利用有价值的金融信息。如果这些问题足够严重，投资者就会拒绝参与信息系统，因为他们担心，系统会被国家控制，被政客用来增加税收或攫取财产。而如果投资者拒绝参与，信息系统仍会受阻，或者，使用的成本很高，金融发展就会很慢。

即使这样的问题可以解决，还会有第二个更为棘手的障碍——信息服务提供者的自我服务行为，这些人包括公司经理、外部会计、财务顾问、证券分析师、信用评级公司，以及政府机构，他们会办理留置和抵押。因为这些信息专家扮演的角色越来越重要，此类的麻烦就不会消失——永远不会消失，正如我们在第2章中所发现的一样。近期的公司和股票评级丑闻，共同基金经理的手法，西方民主世界中抵押市场的极其松弛的规章，都表明问题并不仅限于发展中国家，也不会就此消失。任何天真的人，盲目相信年报或金融分析师的建议，都会对此完全了解。

由于更好的计算机技术不会使我们摆脱过去，历史仍将继续就政策提供有用的借鉴。但是，历史也会由于另一个原因而显得重要——中产阶级的演变需要很长时间。中产阶级，正如我们知道的那样，是最依赖国内金融市场的一个群体，数量不会在一夜之间翻番。

应当承认，现在有一些社会进程正在发生作用，可以使中产阶级更快地增长。一个重要的进程就是金融市场的扩张，使人们借钱而积聚人力资本。初看起来，信用卡和其他不需抵押品的举债的方法，确实提供了通向中产阶级资格的一条可能的道路。这一方法似乎很简单：只需要使用信用卡为你的教育提供资金，一旦收入提升就偿还贷款。

但是，信用卡是否真的使人们可以借款，从而足以使他们跨入中产阶级的行列呢？答案是"否"。即使在美国，信用卡也似乎像雨点般落在人们的头上，教育贷款高度发达，想上大学（更不用说中学）的人们仍会觉得很难通过信用卡或纯私营来源借款提供全部资金。确实，私营贷款人为职业教育提供资金，但是，他们提供这种服务的对象，只针对具备一定人力资本和获得高收入的人。私营贷款人也会向学生提供一部分资金用于支付研究生教育，但是，他们这么做通常是有某种政府贷款担保的，至少是对部分贷款提供担保。

事实上，历史表明，通过借款加入中产阶级仍是很困难的，除非政府提供帮助。在过去的两个世纪中，为获得技能提供融资的非政府的主要渠道——学徒制，逐渐消失。这也不是使用私营的无担保的债务获得人力资本的唯一问题，因为这种借款总是非常容易受到危机的冲击。信用卡债务或其他无担保的信用的金额一般会受限于个人年收入的一部分，甚至是他或她一生中收入的更小部分，这一点就不足为奇了。尽管无担保债务是信用范围的一个重要补充，因而相对其他种类的信用仍然总是会显得较小。尽管中产阶级可能热衷于使用无担保债务，为范围惊人的业务——包括创业，提供资金，但无担保债务仍然总是整个信用的很小的来源。

因此，人力资本的获得，继续依靠公共政策和父母的资源。富人的孩子当然不需要金融市场来获得教育。但是，对于中产阶级的孩子，为教育融资仍然很重要，因为他们的父母将不得不储蓄或借款来支付账单。对于穷人的孩子，公共教育是关键性的，因为他们的父母承担不起，无法给予他们较高水平的人力资本，也无法得到很多借款。考虑到财富和生育能力的负相关关系，金融市场和公共支出的作用不可能萎缩，金融危机大量减少父母的储蓄，减少公共支出，将继续产生长期后果，特别对中产阶级而言，他们仍然依赖金融市场，容易受到经济冲击的伤害。

如果有正确的政策和适当的政府帮助，加速中产阶级的发展也许是可能的，但是我们不能陷入幻想，认为，庞大的中产阶级在一夜之间茁壮成长。一个人的教育需要二十年，如果一个人从一个贫穷的社会起家，可获得的教育资源的限制将意味着，要经过两三代，才会有一大批人在技能上获得很多。此外，由于可用于教育的资源有限，整个过程可能很容易被延迟。

因此，信息、公共债务和中产阶级的大小仍将与金融市场的发展深深地交织在一起。技术和社会变革使它们的联系更加紧密而不是疏远。

7.3　历史怎样影响政策争论

在金融制度的持久性以及我们所强调的三个因素的一般性论据之外，我们可以通过审视当前的金融政策关系来更好地说明历史的重要性。我们首先讨论过去 1/4 个世纪中较为令人激动的一个发明——小额信贷（Microcredit）。因为穷人缺少实体和信誉抵押品，他们被封闭在信贷市场之外。小额信贷克服了这一问题，它运用群体或共同负债的机制确保贷款偿还。仿效孟加拉的 Grameen Bank，小额信贷的贷款人在世界几乎各个地方都大量涌现，总体都表现很好，改善了家庭的命运，使规模很小的企业方便借贷。

这种贷款人强烈依靠低成本信息，价格便宜的计算机使他们（和金融公司以及帮助他们的非政府组织）能够以很低的成本制作信贷记录。群体贷款的运用产生的结果是，贫穷借款人的违约率非常低。群体贷款通过两种方法做到这一点。第一种方法是共同负债，在拉美很常见。在群体负债项下，当任何人违约时，接受贷款的这一群体的其他成员必须补偿损失，他们也几乎总是这么做的。① 监管借款人的另一种方法是对第一家小额信贷的贷款人 Grameen Bank 采用的政策进行调整。它不是强迫群体的其他成员偿还违约人的借款，相反，只是拒绝再向该群体发放贷款。两种机制都管用，都给了穷人机会，可以借款，建立起付款的记录，并积累资产。事实上，一些人可能会争辩，小额信贷的出现，甚至使穷人也进入到我们所定义的中产阶级的群体——从参与金融市场中获取高于成本的利益。

但是，从历史角度看，基于群体的小额信贷并不能包治百病。第一个问题是，贷款数量很小。即使所有的贷款都投入生产性资本，小额信贷对投资的贡献仍然很可能很小。贷款是短期的，利率按照西方的标准很高（常常是每个月几个百分点）；因而，从小额信贷业务运作中产生的资本净收益很小。不能夸大小额信贷的能力，还有一个原因，借款人自身也会限制他们所承担的贷款规模，因为共同负债迫使那些继任者向违约的人还款。他们不想承担风险，一旦其他人违约，他们必须偿还大额贷款。

最近，一些小额信贷的贷款人超越或完全超出了基于群体的贷款。即使在非常贫穷的人中，似乎也对便利性储蓄工具有很大的需求，认识到这一点后，一些贷款人已将其分布很分散的基层网点不仅仅作为贷款的平台，而且作为个人进行投资的场所。远离群体贷款的行动完全是一个更加复杂的变革，这一变革在亚洲似乎比在拉美更加普遍。这一转变反映了一个事实，在向穷人贷款二十年后，现在有很多的人有了信贷的记录，并积累起较小金额的资产。但是，这些储蓄人再也不想承担与群体贷款相关的额外的风险——即必须偿还违约人的贷款，或被隔离在未来的信贷之外。他们希望作为个人进行借款，而不需要将其他可以信任的借款人汇拢到一起。随着小额信贷的贷款人放弃群体负债并开始发放个人贷款，违约率会上升吗？

我们推测性的答案是"会上升"。但是，只要借款人是一个成功的储蓄人或按时还款，而贷款发放是以个人过去的行为为依据，正在进行的转变就

---

① 参见 Morduch 1999；Karlan 2005。

仍然可能成功。但是，由此产生的信用还需要积累，这需要时间。这就意味着，小额信贷的贷款人发放的贷款按 GDP 的比例在可预见的未来仍会很小。因此，那些认为仅靠小额信贷就能创造繁荣的人不应期待奇迹：在最成功的小额信贷项目开始后 30 年，The Grameen Bank 所在的孟加拉仍是世界上最穷的地方之一。

是否仍有可能挽救小额信贷作为一个担保贷款市场的孵化器，让单个借款人汇集抵押品并为他们自己的贷款承担责任呢？几率似乎是没有可能。同样，小额信贷贷款人除了还款历史外不会对其客户了解很多，而他们的客户在经济上的分量太小，无法对国家施加很多压力来改善资产的抵押价值。此外，客户很有可能参与经营小的企业，这些企业的规模经济有限。事实上，小额信贷的接受者的所作所为，与涉及很多工人的运作之间，存在一个真正的技术上的断层。要发展较大的企业，需要在产权上有较大的改善，以便个人能积累真正的资产并将资产用作抵押。这样做需要在产权授予方面、贷款人重新拥有抵押资产的能力方面，以及最后在很多国家的货币和金融稳定方面，都有重大的改善。政治上有争议的一个关键的变革是：牺牲借款人为贷款人提供特权，并且，贷款人了解潜在的借款人及其资产的情况，会很有价值。但这样的政治经济学很难实施，而要实现它会花费很长时间。很清楚，小额信贷是有价值的，但是，忽略基于资产的信贷上的投资，并忽略基础设施上的投资而不能减少基于资产的信贷的成本，是莽撞的做法。尽管穷人从直接获得的信贷中收获了重要的收益，而如果就业机会增加而使他们跻身到中产阶级，他们很可能仍会得到同样重要的收益，因为那里会有更多途径得到其他形式的信贷。

第二个政策问题说的是另一个具有潜在前景的进展——金融全球化。这里，我们可以将金融服务与全球车市进行比较。很多国家选择不拥有国内汽车生产商。相反，它们进口汽车或者拥有工厂，欧洲、美国或更有可能是亚洲的企业在那里生产汽车。理由是，汽车生产的规模经济很大，大多数国家从外国生产商那里购买汽车境况会更好。从放弃的资源而言，这会使它们付出的成本更少，而它们会从贸易中获得收益。这个相同的原则是否适用于金融呢？也许会。毕竟，像墨西哥这种银行资本一次又一次被破坏的国家，当它能从外国银行购买金融服务的时候，为什么还要再一次去尝试发展稳健的国内金融产业呢？外国银行有很多重要的优势。它们可以有获得进入世界上很多的市场的途径，因而，资金的成本最低。它们可以在墨西哥迅速地扩大贷款量，而不管当地的储蓄率有多高。它们无需担心当地储蓄中多大的部分用于银行存款这样的金融投资。它们有专门技术知识和管理的专门技能来高效地运营银行，因为它们已在高度竞争性的市场上运作过。因而，规模较大的外国金融机构的自由进入似乎是非常有吸引力的。

这样的论述似乎是有说服力的，但是，它有一个严重的缺陷。这个缺陷是，金融实际上是一系列的非常不一样的产品，不仅仅是提供贷款。较大的国际银行会在适用规模经济并且信息成本较低的细分市场上出类拔萃。它们会在单笔的储蓄以及像公共机构和大型私人企业这样的较大的实体的金融需求方面做得很好。但是，当遇到地方的中小企业或单个借款人时，它们做得很差。确实，对于这种较小的贷款，国际银行的信息成本相对较高；由当地的贷款人收集的或包含在借款人的声誉中的非正式信息将会成为便宜得多的替代品，特别是当债权人的权利比较弱的时候更是如此。但是，这就意味着，如果国际银行要服务于小企业和中等客户，它们就要融入当地经济中。

新的计算机技术能否解决大型国际银行面临的问题呢？金融市场自由化的国家的证据表明，新技术在短期内无能为力，特别是当产权还没有以一种使中产阶级的资产作为有用的抵押进行改革的时候更是如此。在最活跃的经济中，地方金融中介继续在中小企业的贷款中占主导地位。像花旗或摩根这样的大型银行占据新闻热点，而全美国持续设立的小型商业银行仍未受到欢迎，尽管它们针对的甚至是在世界上金融最发达的一个经济体中一种未满足的需求。

小额信贷太小，无法对投资形成重大的推动，而大型国际银行则太大，无法做好为发展中国家中小企业的服务工作。同样，避免一方面只有小额信贷而另一方面只有庞大的国际银行这样的极端，是长期成功的关键。

我们的方法鼓励我们重新认识的最后一个问题是，人口状况和福利状况的相互作用。这里，我们必须与过去决裂，因为未来的人口体制与凭以建立当今福利状况的体制是根本不同的。对于世界的富裕地区（欧盟、北美和亚洲的富裕国家），这种决裂会非常迅速地到来，但是，在其他地方——突出的是人口统计的转变已在进行中的中、南美洲和中国，这种情况也会迅速地到来。

让我们从西欧和美国开始。从 19 世纪 70 年代到 20 世纪 50 年代，当大多数国家福利体系建立起来的时候，人口，更重要的是，有工资收入的劳动力，在迅速地增长，但是，50 岁的预期寿命是有限的，正如医保在延长生命方面的作用一样。自 20 世纪 70 年代以来，这些人口统计的总体状况已根本改变。生育率（fertility）暴跌，先是在富裕国家，然后在较穷的国家，在一些地方，远低于人口替换（replacement）水平。同时，劳动力的增长放缓，因为大多数成年男女现在都有工作，而预期寿命正在上升，特别是老年人。事实上，在很多国家，由于医学技术的进步，那些已经 65 岁的人可预期再活至少 10 年。所有这些惊人的人口统计的变化的结果是，老年医保的成本大幅上升。不仅人们一旦退休以后活得更长，而要使他们健康，医保的成本越来越高。[1]

在这些富裕国家，一些社会保险的方式是在 20 世纪时期采用的，由政府对老年人的医保以及一部分退休收入（例如，在法国，几乎是全部退休收入，而在美国则远低于此）负责。这些计划整体上是基于时代间转移（intergenerational transfers），由当前工人的缴款来支付退休人员的福利——考虑到人口状况以及第二次世界大战后紧接着流行的低储蓄率，这是明智的政策。时代间转移使退休计划可以立即提供老年保险。计划证明非常受欢迎，政治家扩大了保险涵盖面也扩大了福利。养老金的增长率大致与整个经济的增速一致，但是，计划不会出现赤字，因为退休人员只占人口的较小部分。

但是，今天，所有这些养老体系处于长期不平衡状态，因为如果当前的

---

① 参见 Fogel 2004。

趋势继续下去，老年人越来越多，已没有可能付得起退休人员约定应得到的养老金。不平衡变得更糟，因为对医保的需求随着收入的增加而增长，几乎所有的老年人都获得了养老金和医保。大多数政治家和公民认识到，要有一些变化，这是肯定的，争议在于怎样进行变化。这一问题的一个好的解决方案必须做三件事：限制赤字，避免过多干预劳动力市场的运作，以及提供充足的保险来防范单个和加总的冲击。有两种可能的方法来做这件事，要么私有化，要么改革。每一种方法都有作用吗？这里，历史的教训并不能确保。确实，历史方法表明：一方面，私有化行不通；另一方面，公共体系的改革，虽然可行，但会严重地干预全球劳动力市场。总之，老年社保的问题没有简单的解决方案。

私有化有吸引力，因为似乎它会自动地满足我们第一个和第二个条件。看一看一个想象的世界，在这个世界中，没有不平等，没有不确定性——换言之，个人生命中的所有事件都能预见到。那么，随着寿命增加和医学进步，个人可以通过晚退休、多储蓄、退休后少消费的某种组合进行调节。只要寿命和医学的变化比较慢，私人体系就会产生最佳的解决方案。事实上，个人会简单地调整其储蓄和退休决定，没有什么不可预期的东西会使他们的计划遇到麻烦。因为每个人会进行适当的储蓄，没有人会在老年时期望政府帮助。同时，劳动力市场会继续高效地运转，因为储蓄计划会独立于一个人的国家或雇主，使工人自由地去找工作，并在他们希望的任何地方退休。

这个想象的世界没有风险，因此，无需进行保险。但是，我们实际生活的世界，包含相当多的风险——一些风险是没有人愿意自身来面对的。事实上，我们在生活中会面对很多危险和不确定性，其中只有很少部分可以投保。确实，对于死亡、盗窃、汽车事故、生病和残障，以及一些其他的危险，有发展良好的保险市场。但是，对于个人面对的很多其他风险，根本没有保险，会对个人的收入造成破坏性打击。经济冲击会使人们去失业办公室，或者消灭他们所从事的经济中的产业。已不再有很多的需求需要打字机修理工，他们已走上了铁匠和手工织布工的道路。人们也可能受到自然或环境灾害的打击，他们毁坏了家园，或消灭了企业：想一想日本和加州在重大的地震后所有失业的人。房价突然下降这样的资产价格的巨大变动也可能使人们毁于一旦。没有政府计划，这些风险都不可能投保。

在老年保障的例子中，重大的风险似乎独立于平均收入之外。对这些风险的担心只有在收入最高时才会减少：十之八九，只有亿万富翁才不会担心老年保障，而百万富翁很可能也会担心。事实上，过去半个世纪发生的人口统计和经济上的变化，不仅增加了长得多的退休生活的可能性，而且向很多新的、麻烦的风险打开了大门。例如，想一想一个开始工作的女人，知道她要依靠个人账户中的储蓄来提供老年的保障。她面对她整个人生中健康状况的相当大的不确定性，她也不知道她的人力资本的回报是什么。这两种风险都会影响她退休后的收入和生活水平，并因而影响她的退休决定。结果可能证明，她有很高的收入，因为她所从事的经济行业扩张，或者因为她在整个工作时期都保持健康。另一种情况是，她可能收入很低，因为她所在的行业倒闭，或者因为她不断生病。结果，她可能完全由于偶然的因素积累较多的或者较少的退休资金，而医疗的成本上升会限制她可以购买的医保，以便对抗她面对的不确定性。

总之，私人激励的世界会涉及很多令人不快的风险。完全私有化长期而言注定会失败，因为它满足不了提供充足保险的第三个条件，特别是医保。在我们上述的这个女人的例子中，她可能到退休时很富有并且健康，或者很穷又有病。在不知道命运的情况下，她就想要一个保险计划，可以使她获得医保并在晚年有最低的养老金的保障。但是，私人市场不能提供这些。

即使医保不进行私有化，对退休的收入进行私有化仍可能是值得的。这样做对劳动力市场和避免赤字都是有好处的。事实上，一些作者认为，私有化事实上会带来更高的收入水平，因为个人会投资于股票而不是债券。[1] 历史的趋势告诉我们，股票资产组合确实产生较高的预期收益。但是，它也包含更高的风险——可能毁灭人们退休计划的风险。

想一想那些计划在 2002 年或 2003 年退休的个人完全投资于因特网股票

---

[1] 要进行讨论和作为参考，参见 Feldstein 2005。

的情况。泡沫的破灭将其财富减少了 2/3。这一事件会迫使他们继续工作十年吗？问题更严重的是，那些在 20 世纪 90 年代看到其股票价格迅速上升的个人，也可能会减少其储蓄率，或基于他们在退休时会有巨额财富的假设而借款。如果这样，他们的结局会比他们完全忽略泡沫更为穷困。当然，一些个人认为这一泡沫不重要：包括那些在 1997 年前进行大部分投资的人，那些进行了很好的多元化的人，以及那些在泡沫期间没有改变其投资策略的人。他们在前十年可能已经从表现良好的市场中获利。但是，较年轻的人或那些在泡沫期间损失储蓄的人，5 年后的结果是，资产组合比他们预期的要小得多。

过去的损失甚至更为严重。欣然接受私有化的任何人都应思考，一个日本投资者 1989 年当日经指数高高地处于 30 000 点之上时的股票资产组合，和 15 年后当日经指数陷入远低于 15 000 点时同样的资产组合之间的差别。像这样的收益率，甚至连低收益的债券也看起来是一个更好的策略。考虑到这些不确定性，看不清人们会持有什么样的资产组合。很有可能的是，大多数个人会回到第二次世界大战前占主导地位的中产阶级储蓄策略——持有债券。但是，这样的话，私有化就不会增加收益，虽然私有化会解决赤字问题，但之所以能这样，只是因为强制实施了预算约束。

也许，国家会希望个人购买像股票这样的更高收益的资产，以便国家可以调用他们缴纳的资金的一部分，用来支付所有夹在新、旧计划之间的人的退休金。涉及的人包括年老的工人和当前的退休人员，他们从不开立私人账户，他们缴纳的资金已在当前的计划中被花光。但是，这样的政策具有真实的危险。特别是，如果危机爆发，个人会解释说，国家要求他们将退休储蓄资金投资到股票上，这意味着有政府担保，他们会赚取特定的收益率。如果政治压力迫使国家救助那些股票资产组合已崩盘的投资者，那么，这就事实上对坏的结果提供了保险，但在年景好的时候却不会得到这种收益。

人们可能低估这种担心，并否认，国家曾在股市下跌后救助投资者的这种做法，会侵蚀他们的私有化退休账户。这种救助的压力是肯定存在的，特别是在富裕的民主社会中更是如此。因而，至少在富裕的国家，私有化意味着，使收益私有但将有损社会化。这一结果会包括进一步的损失，因为，如果个人知道政府会救助他们，他们就会受到诱惑，将其储蓄投入到高风险的资产中，以期获得可观的收益，并确信，如果他们的计划变糟时政府会表现慷慨。为避免这类反常的行为，国家首先就要限制人们可以进行的投资的种类。因而，全面私有化是不可能的。

虽然私有化的支持者引用历史收益进行论证，金融市场会改善当前的公共投资，但是，他们忽略了历史收益并夸大了股票收益的可能性。通过储蓄养老的投资者对股票的需求，目前要低于实行私有化情况下的水平，而对公共债务的需求则较高（因为一些退休资源投资到公共债务中了）。在私有化情况下，对股票的需求会上升，而对公共债务的需求会下降，投资股票的红利会减少。

同时，通过私人金融中介的大量的资源会使金融市场中的无赖行为更加恶化。考虑到金融中介和公开上市公司监管非常不完善，丑闻肯定会出现，政府最终要承担责任。如果在网络泡沫破灭的时候，个人没有获得有保障的社会保险金和医疗保险，对金融界会造成多大的不良影响呢？也许金融体系会成功地将所有流入私人账户的资金进行投资，而没有任何自助的行为，但是，出现丑闻甚至危机的可能性却会更大。国家最终就会不得不向投资者因对其养老金造成的损失进行偿付。

对于保险（特别是老年最低担保收入）的需求随着经济的发展而增加；任何改革都必须考虑这一需求。这是完全私有化体系的一个巨大的失败，因为它会消灭现有的保险。是否有可能保留现有的体系呢？也许有可能，前提是，未来的退休人员愿意接受高税收、退休金低增长、退休年龄更大这三者进行某种组合。但是，仅仅调整当前的体系是不够的：我们必须郑重其事地与过去决裂。

在这里，关键的变革涉及由年代间转移（intergenerational transfers）向年代内转移（intragenerational transfers）的转变。政府养老计划在最初建立时依靠年代间转移，因为当时（一些国家在大萧条时期，以及其他国家在第二次世界大战后）人们并不富裕，不足以启动仅仅依赖年代内转移的退休体系：快要退休的人干脆就没有足够的储蓄。但是，今天的年代群组（generational cohorts）则要富裕得多：他们有相当多的人力资本，加上实物资产和金融资产，这样就有可能将政府养老还有政府医保仅仅建立在年代间转移的基础上，从而，向当前年代的退休人员支付，不会威胁其后代的福利。

在富裕的民主社会，向时代内体系的转变，可以按某种方式进行，这种方式会利用现在人们拥有的一切财富。要这样做，要求很多的承诺，但是，富裕的民主社会有对金融创新的巨大需求的优势，这种需求由民主政府和庞大的中产阶级创造。历史表明，它们有很好的机会来进行转变，正如那些像韩国这样的正在加入其行列的其他国家一样。每一个国家将不得不以一种反映其自身历史的方式进行转变，但是，解决方案并不是遥不可及的。

这些国家要进行转变而不得不面对的妥协包括，将当前养老人员的养老金的增长率限制在较低水平上，并且，对今天的工人加收较高的税收，因为他们必须分担转变的成本，而且要进行他们自己年代的养老财富的积累。这些财富会继续投资于国债——原因恰恰是因为这样会为跨年代的保险提供一个便捷的机制。通过维持合理的税率和较低的通胀，政府会保护退休人员的退休金。该体系会改善年代内转移，因为每个个人的缴纳款项的一部分会用于包括医保在内的每个人的最低养老金。每个个人养老金的其余部分会取决于他或她缴纳的金额。例如，我们上述所举的刚开始工作的年轻女人的例子，不管她作为工人会挣多少钱，她都要确保其年老时的医保和最低退休收入。这两种养老福利会大致由她自己这个年纪的人提供资金，而不是由未来年代的人提供。但是，如果她在工作时赚钱很多，她就可以期望更多的退休收入。

任何这样的年代内计划要使人们不受法定退休年龄的限制，这一点也是很重要的。想要继续工作的个人可以这样做而不会失去养老福利，正如今天政府退休计划项下常常发生的情况一样。确实，较老的一代是重要的潜在的劳动力储蓄池。他们继续参与劳动力市场只能会是好事。

任何这类计划最敏感的部分是为医保付款进行结算。要处理的问题是令人恐怖的，这一问题直到现在仍被掩盖着：就是要确定我们附加在生命上的货币价值。当前，大多数社会坚持这样的想法，任何能够维持活着的状态的人都是有价值的，不管成本是多少；但是，如果情况是这样，任何保险体系，不管公共的还是私人的，都不会生存很长时间。医学的进步以及生命结束时的医保的高成本，实际上威胁着医疗保险体系，因为我们不能决定应以多少公共成本来延长人们的生命。像其他金融问题一样，这个问题听起来很冷酷无情，但是，如果老年养老金要延续下去就不得不面对它。通过从年代间转移向年代内转移的转变，我们至少可以开始诚实地面对在收入和当前退休人员的生命长度之间进行权衡的问题。直到现在，这样的问题还被隐藏着看不见，因为在年代间转移的体制下，这一问题基本上是用未来年代较低的收入来交换今天退休人员较多的寿命，而未来年代的人是没法抱怨他们的福利被减少的。

在这一层面上，我们这里所勾勒出的问题和解决方案适用于富裕国家和贫穷国家。但在另一个地理的层面上，公共养老及其相关的医保计划具有重大的缺陷。因为养老金国与国之间差别很大，这些公共计划，与劳动力市场和在今天的全球化经济中越来越常见的大规模移民，有冲突。在经历大规模从低工资向高工资经济体移民的地区——例如，从东欧向西欧，或者从拉美到美国——这些问题特别严重。

例如，在欧洲，法国的最低养老金略高于 7 000 欧元/年——这在这类富裕国家是一个可怜的金额，但这一金额却超过了波兰的人均年收入。[①] 因而，法国和波兰的体系是不能放在一起的。波兰人付得起的最低养老金，对于法国人而言，保险就太少了。在今天的整个欧盟确立法国的最低水平，会涉及，要么在波兰实施不可接受的沉重的税收，要么从法国向波兰实施不可接受的很高的再分配。

这里，有几个问题。首先，一个人要有资格获得大多数政府养老和医保计划的全部福利，他要有某种法律的地位。来自墨西哥的非法外国人，如果

---

① 关于法国养老金的情况，参见 France, Caisse Nationale d'Assurance Vieillesse 2006。

他返回家乡，可以获得美国的社保金，但是，这时，医保（Medicare）对他而言就是没有用的，不管他工作多长时间，或者向美国医保计划（Medicare）缴费有多长时间。其次，那些将他或她的时间在多个福利体系中切分的人可能没有资格获得任何一个体系的保险。最后，虽然养老金是可转移的（一个人获得一个国家公共或私人养老体系的养老金，而不需要在那个国家居住），但是，医保福利是不可转移的。在美国工作而在墨西哥退休的人不能享受墨西哥医保的全部福利。人们可能会想，设计如果适合今天存在的全球劳动力市场福利体系，会更加合理。但是，当收入差别很大时，这是不可行的。

欧盟成员必须直接面对这些问题，因为欧洲公民应该可以自由地在任何成员国工作。很多人担心，欧洲福利体系会受到不受限制的移民的破坏。结果，关于市场更多自由的争议，不可避免地受到福利问题的束缚。劳动力从墨西哥到美国和加拿大的流动提出了类似的问题。

这不仅仅是欧洲或美国的一个问题。在中国，老年福利是由地方提供的，尽管经济快速增长，人口分布情况发生变化，福利制度还没有改革。因为出生率暴跌，人口快速老化，同时，由于省与省之间收入相差很大，工人们为寻求更好的生活而流动。有些流动是合法的，通过一种内部护照的体系进行，但是，其余的流动是非法的。但是，在两者中任何一种情况下，流动人员是没有资格获得退休金的，因为高收入地区以妒忌的方式保卫其福利，并将它们列入新来者的禁区。正如在欧洲一样，这些福利体系的一体化受到福利水平差异的阻碍。

我们已经考虑到的每一个地方，老年保障都提出了很难的政策问题。老年人是人口中增长最快的部分，他们的需求也在增长，现有的老年保障体系证明无法提供一种适当的激励和保险的组合。正如我们表明的一样，完全私有化没有吸引力。尽管部分私有化可能是一个解决方案，但是，它要求政府深度参与，以至于该方案会伴随带有隐含的公共保险的色彩。更好的解决方案是，政府承认其在老年保障中的作用，提醒公众需要分担调整的成本，并通过转向可持续的年代内退休体系来进行改革。

　　不管我们是考察使中产阶级受益的金融制度，还是考察那些为老年福利提供保障的制度，有一件事是很清楚的：成功是在几十年期间衡量的，或者说，历史是这样展现的。因而，决策是一项挑战，因为，虽然大多数政治家会有短期的视角，但其决策的长期后果对于金融市场是最重要的。在民主社会，没有领导人会任职超过10年，而他们面对重新选举的间隔则要短得多。因而，他们有强有力的理由使短期收益而不是长期效益最大化。但是，如果公民能理解长期成功的重要性，就可以超越其短视观念。

　　历史的角度也会有助于穷国。例如，为了促进经济增长，如果较穷的国家学习发达国家的经验，就会是值得的。通过设立支持金融发展的政治联盟的金融制度，而不是建立全面的金融体系（长期债券，短期债券，股票市场，具有消费、商业和投资职责的银行等等），他们的境况就会更好。不幸的是，支持更好的金融制度的政治联盟在这些国家通常是弱小的。有政治力量的群体都不愿意承担痛苦的成本，来减少政府债务，或投资于防范未来危机的制度。但是，这样做对于进一步经济增长是很关键的。

　　并不是说，较穷国家的居民担心或憎恨金融市场。相反，他们对因为缺乏能运转的金融市场而施加在他们身上的负担感到悲哀。他们可能无法为老年提供安全保障，或不能借款购买住房或扩张企业。虽然穷国的居民可能希望金融市场运转良好，但是，他们的愿望很少能够最后转变成有效的金融制度——那种制度能够使金融市场在任何艰难情况下起作用，特别是，能在危机发生时减轻危机的影响。

　　在很大程度上，这种状况是恶性循环的结果，起始点是规模较小的中产阶级——他们是唯一希望控制繁荣时期的公共支出从而避免冲击变成危机的群体。穷人，正如我们的模型所表明的一样，被挡在资本市场之外，因此对市场会遭受的损害漠不关心。而富人，正如我们之前所说的一样，也不关注，因为他们很多的财富已转移到了国外。外国投资者也不会非常感兴趣，即使他们在发生危机时会成为掠夺性政府的成熟的目标。而中产阶级规模太小，无法发挥重要的作用。

　　很多今天拥有发达金融市场的富裕国家过去面临过同样的问题。例如，在1 700年以前，英国王室对欠外国和国内贷款人的贷款违约。此外，这些富裕国家一度拥有相对规模较小的中产阶级。对于像法国和英国这样的一些国家，这一过程花费了几个世纪，因为金融发展被战争和掠夺性的王国政府所扰乱。但是，随着时间推移，中产阶级在规模和力量上壮大，以至于到19世纪，很多西方政府变成了很好的信用风险。

到金融市场在19世纪后半叶繁荣的时候，西方国家没有像今天的穷国常常所做的一样，欠外国债权人很多钱。相反，它们是巨大的资本输出国。因此，它们基本上避免了对外国人违约的很多诱惑，并且，因为政府债务的持有人政治上很强大，因此，政治领导人甚至有更多的理由避免走极端。这种形势，加上它们有庞大的中产阶级，赋予了它们今天的穷国所缺乏的历史优势。

今天的穷国能否重复这一相同的过程呢？即使没有庞大的中产阶级，典型的穷国也会设计规则，如国家支出的限额，或对公共债务的上限。但是，这些规则对避免政府借款过多是无能为力的，因为政治选民是不会要求实施这些规则的。很多穷国采用的监管资本市场和金融交易的其他的法律也是这样。法律和规则可能存在，但是，一旦实施的成本——特别是政治成本——很大时，它们就有可能被放弃。因而，危机会有可能对较穷的国家进行攻击，并在发生危机时更有可能造成损害，因为本来可以防范危机或减少危机影响的规则没有实施。

只有有政治意愿实施规则时，规则才可以变成实际的制度。较穷国家的问题的最终原因是，缺少政治上强有力的群体，愿意承担为金融市场担保所需的风险。如果像阿根廷这样的国家想要稳定其金融体系，它们必须培育对金融市场的政治支持，以便在困难时期得以维持。这一任务不可能在一夜之间完成。可以在一瞬间采用新规则，但是，培育对它们的政治支持——特别是，如果这种支持要在困难时期得以维持——可能要花费几十年时间。世界上的富裕国家要花这么长时间来建立起对金融市场的支持，而如果历史可以起向导的作用，那么世界上较穷国家不见得就会更加轻松。

这里，并不是我们要放弃所有的希望。尽管今天有障碍，像印度和中国这样的较穷的国家不管如何仍成功地开始走向自我持续增长和金融发展的道路。它们的经验表明，长期的变革不是天真的梦想，而在爱尔兰和韩国这样的地方，其他的惊人的成功故事完全可以推动发展中国家的政治家实行支持金融发展的政策。毕竟，它们证明，改革可以带来快速经济增长的巨大回报，快速增长对政治家有吸引力，因为它增加了他们可以控制的资源，使其体制更加稳定。这样两种结果都可以有吸引力，成为目前折磨很多穷困国家的腐败和不稳定的替代方案。

这条新的道路不是可以轻松地选择的，它会受到冲击的威胁，冲击将机会和责任都赋予了较富裕的国家。富裕国家可以做的有助于推进这一进程的一件事是，赦免较穷国家的债务，因为这样的举措会鼓励较穷国家的政治家去采用有利于金融市场的政策。今天，较穷国家深陷债务，通常会面临两难境地：如果它们维持贫穷，它们不必就偿还债务做很多事，但是，如果它们想变富裕，它们还是要偿还债务。因而，外国债务会抑制各国去寻求有利于增长的政策。通过赦免较穷国家的债务，富裕国家可以帮助穷国把经济发展的收益的更多部分保留在较穷国家的内部，从而使增长的回报更加有吸引力。

富裕国家也可以追求其他的政策，来加快较穷国家的金融发展，尽管所有这些政策要求持之以恒。例如，投资于教育基础设施和其他提升人力资本的公共产品，会有巨大的回报。尽管投资于人力资本要花费很多时间才能成熟，它仍会帮助培育中产阶级并形成良性循环。较庞大的中产阶级，通过给予政治家进一步的动力来推动金融发展，就可以帮助较穷国家转变。鼓励民主会有类似的影响。没有民主，中产阶级对政治家选择的金融政策的影响会很小。不管富裕国家干什么，它们绝不应忘记，国内政治压力在发展中国家是多么重要。

金融市场要花几十年甚至几个时代才能发展，但是，它们可以在一夜之间被毁灭。为了享受其效益，我们必须培育好的制度，并规避坏的制度。在我们进行这些选择时，历史就是我们最强大的工具，不管我们想摆脱过去，还是想站在过去的肩膀上。